Rudolf Sinnreich

DER VERNICHTUNG ENTRONNEN

Rudolf Sinnreich

Der Vernichtung entronnen

Überlebensabenteuer eines Berliner Juden

WDL-VERLAG

Die Fotos im Text sind aus dem Privatbesitz des Autors.

Bibliografische Information Der Deutschen Bibliothek
Die Deutsche Bibliothek verzeichnet diese Publikation in der Deutschen Nationalbibliografie; detaillierte bibliografische Daten sind im Internet über <http://dnb.ddb.de> abrufbar.

Layout: JML-Design & WDL-Verlag
Umschlag-Graphik: Johannes Lütz, JML-Design Berlin, unter Verwendung eines Fotos von Rudolf Sinnreich
Gesamtherstellung: Schaltungsdienst Lange, Berlin
ISBN (13) 978-3-86682-120-0
www.wdl-verlag.de

„Mir nähern sich tückische Verfolger.“
Psalm 119, 150

Im Gedenken an die jüdischen Familien,
die unter der Herrschaft des Nationalsozialismus
entrechtet, abtransportiert und auch ermordet wurden.

Inhaltsverzeichnis

Berlin 9

Dänemark. 24

Schweden 52

Israel. 88

Zurück in die Vergangenheit 141

Epilog 145

Berlin

Kurz nach dem ersten Weltkrieg, genauer am 11. September 1919, kam ich auf diese Welt voller Wirrwarr direkt nach Berlin, in ein Land der Ordnung. Ich war der Sohn eines jüdischen Vaters und einer jüdischen Mutter, denn das stand auf meiner Geburtsurkunde. Ferner war dort auch festgehalten, dass mein Vater, Leo Sinnreich, Ingenieur war. Ich habe noch eine Schwester Erika, die drei Jahre älter ist als ich. Meine Mutter Josefa war eine schöne Frau. Das finde ich jedenfalls. Sie war die jüngere Tochter meines Großvaters Bernhard Stiglitz und seiner Frau Malvine. Die Eltern meiner Mutter und meines Vaters kannten sich von früher. Letztere, Siegmund und Josefine Sinnreich, wohnten in Budapest. Mein Vater war das dritte Kind von drei Mädchen und drei Jungen. Seine Eltern hielten streng fest an allen Ritualen. Sie gehörten zu den religiösen jüdischen Familien in Budapest.

Josefa Sinnreich, geborene Stiglitz

Leo Sinnreich

Als mein Vater 18 Jahre alt war, reiste er zum Ingenieurstudium nach Berlin. Um nicht ganz allein in einer fremden Stadt zu sein, bekam er die Adresse der mit den Eltern befreundeten Familie Stiglitz und dazu eine echte lange ungarische Salamiwurst mit als Gruß und Türöffner. Das war auch absolut notwendig, denn als mein Vater dort ankam, war meine Mutter 14 Jahre alt und zufällig allein in der Wohnung. Sie sah erschrocken durch das Guckloch in der Tür einen ihr unbekannten jungen Mann und öffnete daher nicht. Nach einer längeren Unterhaltung durch die geschlossene Tür erinnerte sich mein Vater an die Salami und zeigte sie ihr vor dem Guckloch. Nun, das war doch ein guter Beweis für sie, dass seine Geschichte stimmte, denn damals war der Ex- und Import noch nicht so entwickelt wie heute. Sie ließ ihn eintreten und auf ihre Eltern warten. Die Salami machte sich nach einigen Jahren bezahlt: Mein Vater heiratete meine Mutter am 16. August 1913 und begann seine erste Stelle als Ingenieur.

Unsre Wohnung war für diese Zeit außerordentlich modern, denn sie hatte nicht nur WC, sondern auch Zentralheizung und warmes Wasser. Das war etwas ganz Neues und daher der größte Luxus. Im Hochparterre wohnte das Ehepaar von Roggenbach. Er spielte später eine wichtige Rolle in unserm Leben. In der ersten Etage links lag unsere Wohnung mit Balkon und Erkerfenster im größten Zimmer, unserem Salon, dem Aufenthalts- und Besuchszimmer. Ganz vorne im Erker standen Korbstühle um einen Tisch und auf der linken Seite der große Konzertflügel meiner Mutter.

Unser Wohnhaus in Berlin

Als kleines Baby kann ich mich an unsere Nachbarin aus der 2. Etage, Frau Posner, erinnern. Sie nahm mich gern in ihre Arme und ich fühlte mich sehr schön weich eingebettet. Erika behauptet zwar, dass ich das nur von Anderen gehört hätte, aber ich habe noch heute sowohl das schöne Gefühl wie auch das Bild ihres lächelnden Mundes und ihrer Augen vor mir.

Mein Vater war ein tüchtiger Ingenieur. Doch als wenige Jahre später die Weltwirtschaftskrise begann, war er einer der Ersten, die entlassen wurden, nicht zuletzt weil er Jude war. Die Zahl der Arbeitslosen war groß und besonders in der Industrie im Zunehmen. Daher probierte mein Vater alle möglichen Ideen, um seine Familie zu ernähren. In dieser Zeit erfand man das Zelluloid, Vorläufer von Plastik, und mein Vater konnte ganz gut damit verdienen durch Herstellung großer Kämme für Frauen. Sie trugen diese Kämme mit wunderschönen ausgestanzten Verzierungen im Haar.

Außerdem hatte mein Vater Verbindung zu Patentanwälten, für die er technische Zeichnungen für neuanzumeldende Patente anfertigte. Doch die allgemeine finanzielle Situation ging rapide abwärts, und mein Vater versuchte alles, was nur möglich war. Unter anderem übernahm er von unserem Hauswirt, der als Jude in Polen lebte und dort eine große Glasfabrik besaß, die Verwaltung unseres Hauses. Auf diese Weise sparten wir die hohe Miete für unsere Wohnung und konnten weiter so luxuriös wohnen. Dann übernahmen meine Eltern für eine kleine Fabrik in Berlin das Zuschneiden und Nähen von Schürzen für Hausfrauen. Da meine Mutter eine gute Nähmaschine besaß, ging das ohne Zusatzausgaben, außer dass mein Vater einen Motor dafür anschaffte. Er half auch beim Zuschneiden und Nähen.

Zu dieser Zeit kam Margarete Pohl zu uns. Wir Kinder wurden besonders vorbereitet, dass Grete anders aussieht als andere Menschen, denn sie hat einen Buckel und sie kann nichts dafür. Das hat sie durch eine Krankheit bekommen. Grete kam, zog in die Kammer ein und half meiner Mutter bei allen Arbeiten. Wir alle liebten sie.

Ein Mensch, der mein Leben mit geprägt hat, war der Kohlenhändler Hugo Fiedler. Sein Sohn ließ mich oft auf dem Pferdewagen mitfahren und ich durfte sogar die Zügel halten. So betrachtete ich ihn als meinen besten Freund. Eines Tages erfuhr ich, dass sich mein Freund von einer Brücke heruntergestürzt hatte und vom Zug überfahren worden war, weil seine Eltern ihm nicht erlaubten, ein Mädchen zu heiraten, das er liebte, denn sie war nicht katholisch wie seine Familie. Das hat einen so großen Eindruck auf mich gemacht, dass ich die antireligiöse Lebenseinstellung meines Vaters besser verstehen und teilen konnte.

1923 sind meine Eltern mit uns beiden Kindern zum jüdischen Neujahrsfest nach Budapest gefahren, natürlich mit der Eisenbahn. Das war eine lange, aber interessante Reise. Der Sinn der Reise war, dass meine Großeltern und auch meines Vaters Geschwister ihre in Deutschland lebenden Verwandten kennen lernen wollten. Ich kann mich daran kaum noch erinnern, aber meine Schwester als die Große hat bis heute reiche Erinnerungen an einige ernste Unterhaltungen mit Großvater über den Stammbaum unserer Familie.

Mutter Josefa mit Erika und Rudolf

Trotz finanzieller Schwierigkeiten verstanden es meine Eltern, das Leben für uns abwechslungsreich zu gestalten. In den Sommerferien waren wir stets eine oder zwei Wochen irgendwo zur Erholung. So waren wir dreimal an der Ostsee in Heringsdorf, dessen durchdringenden Fischgeruch ich noch heute in der Nase habe. Der letzte Besuch war wohl im Sommer 1925, kurz bevor ich 6 Jahre alt wurde. Da hatte ich schon angefangen, Mundharmonika zu spielen. Ich erinnere mich ganz deutlich. Wir saßen nachmittags in einem kleinen Café und drei Musiker spielten Unterhaltungsmusik. In einer Pause ging ich zu ihnen und fragte, ob sie ‚Fräulein Helen' spielen könnten. Das war der letzte Schlager, bei dem damals sogar ältere Damen erröteten. Heute wäre so ein Text absolut stubenrein. Ja, natürlich kannten sie den und sogar in C-Dur, aber sie stellten die Bedingung, dass ich mitspiele und auch einmal den Text singe. Es wurde mein erstes musikalisches Auftreten. Ich hätte mich gefreut, bei allen späteren Auftritten solchen Applaus ernten zu können wie damals.

Meine Eltern müssen eigentlich Lebenskünstler gewesen sein, denn ich habe niemals gehört, dass sie sich beklagt haben über die schreckliche Zeit, jedenfalls nicht vor uns Kindern. Und doch haben wir es gemerkt: Ich hatte da eine feste Kundin, Frau Wohlgemuth. Sie wohnte vis-a-vis im dritten Stock. Da sie nicht gut laufen konnte, hatte ich ihr versprochen, beim Einkauf der täglichen Lebensmittel zu helfen. Sie gab mir je nach Größe des Einkaufs 5 oder 10 Pfennig. Dafür kaufte ich meiner Mutter eine oder mehrere Schrippen, auch Brötchen genannt. Meine Mutter litt schon damals unter Diabetes (Zuckerkrankheit), musste sich jeden Morgen spritzen und durfte auch nicht alles essen. Die Schrippen waren sehr begehrt, aber zu teuer. Daher war ich sehr stolz auf diese Geschenke, bis heute.

Kurz nach der Budapest-Reise musste mein Vater wieder seinen Beruf wechseln. Der Vater meiner Mutter überredete ihn, ihm beim Verkauf von Bettwäsche und Tischdecken direkt an Privatpersonen zu helfen. Das bedeutete, dass mein Vater 2 bis 3 Wochen unterwegs sein musste und uns die Order per Post zuschickte. Wir mussten die gewünschte Ware von der Fabrik anfordern, zusammenstellen, einpacken, zur Post transportieren und per Nachnahme abschicken. Es war also ein Familienunternehmen. Mein Vater war sehr dagegen. Er fand, das wäre wie hausieren, doch er konnte seinen Schwiegervater nicht abschütteln, zumal Erika und ich ‚Feuer und Flamme' waren. Es war einen Versuch wert und erwies sich als lohnend. Nach einigen Monaten konnte man merken, dass mein Vater auch auf diesem Gebiet tauglich war. Er besuchte Städte und größere Dörfer in Norddeutschland, nicht weit von der dänischen Grenze und baute sich einen festen Kundenkreis auf. Und wir? Wir bestellten die Ware, sortierten und packten sie, borgten den Handwagen mit den zwei großen Rädern von Hugo Fiedler, schoben ihn mit Mutter zur Post und wischten uns den Schweiß von der Stirn. Erika und ich fühlten uns jedenfalls als wichtige Familienmitglieder. Sie erinnert sich, dass wir Weihnachten (Chanukka) 1928 als Luxusgeschenk einen Rodelschlitten für drei Personen von den Eltern bekamen. Ja, der Einsatz hatte sich gelohnt!

Zu der Zeit ging ich in die dritte Klasse der Volksschule in Steglitz. Mein Lehrer war ein netter Mann und das Lernverhalten in der Klasse war gut. Mein Vater wollte unter keinen Umständen, dass ich als Jude eine Ausnahme mache. Daher nahm ich mit allen Anderen am christlichen Religionsunterricht teil. Außer mir war noch ein Jude in der Klasse. Meine Leistungen waren durchschnittlich. Im Turnen war ich unter den Besseren, was mir bei den Kameraden ein gewisses Ansehen verschaffte. Damals war der Schulhof in der Mitte durch Eisengitter für Jungen und Mädchen geteilt. In den großen Pausen konnten wir Jungen herumtoben, während die Mädchen zu fünfen untergehakt unter strenger Kontrolle in einem kleinen Kreis gehen mussten. Oft standen wir nahe am Zaun und musterten die Mädchen. Wir nannten es: ‚Uff Brautschau jehn'. Es bestand eine 4jährige Volksschulpflicht. Danach konnte man zur Mittelschule oder aufs Gymnasium wechseln. Meine Eltern wählten das Gymnasium, da ich Lust hatte, Arzt zu werden. Zum Helmholtz-Realgymnasium in Schöneberg war es weit zu gehen, aber man war überzeugt, dass es die beste Schule war. Viele Schüler waren adliger Herkunft. Das war vermutlich der Grund des hohen Ansehens. Und da hinein setzte man so einen Juden! Es war nach Ostern 1930, und die antisemitische Propaganda hatte in diesen Kreisen schon begonnen. In meiner Klasse war noch ein anderer Jude, aber der war Sohn des Kaufhauseigentümers Grünfeld in Berlin. Mein Vater war dagegen ein Nichts. So versuchten die Lehrer, möglicherweise auf Druck anderer Eltern, mein Leben als Schüler so schwer wie möglich zu machen. Dadurch ließ mein Lerneifer merklich nach.

In einer Pause sprach mich ein jüdischer Obertertianer an und lud mich ein, in der Pfadfindergruppe mitzumachen, deren Leiter er war. Er erklärte mir, dass es sich um einen jüdischen Pfadfinderbund, organisiert von der zionistischen Gruppe "Blau-Weiß", handelte und genau meinem Alter entspreche. Man mache Ausflüge und es gäbe nichts, was spannender wäre. Welcher Junge hätte da nicht gerne mitgemacht, noch dazu, wenn der Schulunterricht absolut nicht mehr attraktiv war! Doch mein Vater war sofort dagegen, vor allem weil "Blau-Weiß" eine zionistische Organisation war. Ich hatte natürlich keine Ahnung von Zionismus. Es gab daher einige Diskussionen in unsrer Familie. Grete setzte sich für mich ein. Meine Mutter enthielt sich als gute Ehefrau der Stimme. Also fand mein Vater einen Kompromiss: "Wenn dieser junge Mann bereit ist, dir mit den Hausaufgaben zu helfen, darfst du mitmachen!"

Kurt war bereit mir zu helfen. So musste meine Mutter mir eine Uniform nähen und ich wurde Pfadfinder oder Zionist oder auch das schwarze Schaf der Familie. Wohl kam Kurt zweimal in der Woche zur Nachhilfe, aber das Resultat war gleich Null. Kurt war ein feiner Mensch. Er konnte uns deutlich erklären, dass wir Juden nur ein einziges Ziel erreichen mussten, nämlich die Übersiedlung in das Ursprungsland der Juden und seinen Wiederaufbau. Dazu sei ein Studienabschluss nicht nötig, sondern gute Armmuskeln und ein kräftiger Körper. Ich war ganz seiner Meinung. Die Lust zu lernen verging mehr und mehr. Irgendwie wurde ich doch versetzt, aber das Verhältnis zu den Lehrern wurde nicht besser.

Viel habe ich damals von der politischen Situation in Deutschland nicht verstanden, nur dass es eine Anzahl von "...mus" gab, von denen ich nur den Zionismus kannte.

Es gab Kommunismus, Deutschnationalismus, Nazismus, Sozialismus, Pflaumenmus, Demokratie und dann noch verschiedene kleinere Parteien, die sich 1932 alle 2 bis 3 Wochen in der Regierung ablösten. Es herrschten große Arbeitslosigkeit und Kämpfe zwischen den verschiedenen Parteien. In der Schule wurde es für mich immer schlimmer. Es artete zwar nicht aus in Schlägereien, aber in "Eiswände".

Etwa im Juni 1932 bekam mein Vater als Arbeitsloser ein Stück Garten. Zuerst bauten wir eine Laube. Dann wurde gesät. Wir nutzten den Boden gut aus und ernteten alle Sorten von Gemüse. Das half uns sparen. Das Wasser zum Gießen und für Dachdusche und WC mussten wir von der Pumpe an der Straße herbeischleppen.

Meine Kindheit endete abrupt am 30. Januar 1933! Alle "Wochen-Regierungen" wurden abgelöst von Adolf Hitlers Regierung unter dem Motto: "Juden raus!" Am nächsten Morgen standen vor jedem jüdischen Geschäft 3 bis 5 SA-Männer mit Plakaten und riefen: "Kauft nicht bei Juden!" SA-Männer mit Fotoapparaten knipsten Leute, die trotzdem in den Läden einkauften. Das war der Anfang aller Lebenseinschränkungen für Juden, die täglich, wöchentlich oder monatlich Gesetz wurden.

Die Schuljahre begannen und endeten damals in Deutschland zu Ostern. Ein neues Gesetz bestimmte, dass es für Juden in Gymnasien keinen Platz mehr gab. Da ich noch keine 14 Jahre alt war, musste ich zurück in die Volksschule. Leider unterrichtete mein früherer Lehrer nicht mehr dort sondern ein neuer, relativ junger Lehrer, Obersturmbannführer der SS, Herr Trapp. Er legte Wert auf die Anrede "Herr Obersturmbannführer". Mit anderen Worten: Ein rein arischer Held, der nicht umhin konnte, auch einen Juden unterrichten zu müssen. Ein neues Unterrichtsfach wurde eingeführt: ‚Rassenkunde'. Jedes deutsche Kind sollte lernen und wissen, welch schreckliche Kreaturen die Juden waren, welche Eigenschaften Juden haben und wie man einen Juden sofort identifizieren kann. Zweimal in der Woche wurde die erste Religionsstunde dazu benutzt. Es war klar, dass ich als Erster aufgerufen wurde, um seine Fragen zu beantworten. Ich stand auf, das war damals üblich, gab aber keine Antwort. Nach einer kleinen Weile schrieb er mir eine schlechte Note ins Tagebuch. Das machte ihm Spaß und es wurde Tradition. Irgendwann im Sommer geschah dann die tragische Begebenheit: Wie gewöhnlich kam der Herr Obersturmbannführer in die Klasse. Wie immer standen alle Jungen auf, hoben den rechten Arm zum Gruß mit den Worten "Heil Hitler, Herr Obersturmbannführer!", worauf er antwortete "Heil Hitler, setzt euch." Er ging zu seinem Stuhl, setzte sich, fuhr aber wie von einer Tarantel gestochen wieder hoch und zog aus seinem Sitzfleisch 2 bis 3 Reißnägel heraus. Mit rotwütendem Gesicht fragte er mindestens zehnmal, wer das getan hat, aber keiner meldete sich. Da drohte er, dass die ganze Klasse heute zur Strafe 2 Stunden nachsitzen müsse. Als die letzte Stunde begann, hatte er wohl entdeckt, dass er selbst auch die 2 Stunden länger bleiben müsste. Also löste er das Problem ganz einfach und ‚gerecht'. Er fragte das letzte Mal. Da keiner sich meldete, sagte er: "Jetzt ist mir klar, was hier vorliegt. Ein deutscher Junge, der was angestellt hat und von seinem Lehrer gefragt wird, ist jedenfalls so e h r l i c h, dass er sagt, ich habe das gemacht, aber es tut mir leid! Wenn nach so viel Fragen keiner die Schuld zugibt, kann es kein deutscher Junge gewesen sein, also war es der Jude in der Klasse!" Und zu mir: "Komm nach vorne und bück dich!" Dann bekam ich mit dem Rohrstock 25 Schläge mit Unterbrechungen, sodass es besonders schmerzhaft war. Wie vorher erwähnt, hatte er viel übrig für Tradition. Darum bekam ich jeden Morgen nach der beschriebenen Begrüßung je nach Laune meine 5 bis 10 Stockschläge. Für meinen Vater war es zu gefährlich, zum Herrn Obersturmbannführer zu gehen und sich zu beklagen, denn dann hätte er ihn bestimmt von der Gestapo abholen lassen. So kamen wir überein zu hoffen, dass er es möglichst bald müde werden würde. Aber auch dieses Schuljahr ging zuende. Ostern 1934 wurde ich aus der Schule entlassen. Die große Frage begann, was soll man lernen, was will man werden? Die wichtigste Frage aber war, wie kommt man schnellstens aus Deutschland heraus, um weiter leben zu dürfen? Doch das war ein zeitraubendes Problem. Man musste alle Botschaften abklappern und um Einreiseerlaubnis ersuchen, um nach stundenlangem Warten eine Absage zu erhalten. Trotzdem wurde auch das immer wieder versucht. Inzwischen waren die einschränkenden Judengesetze so weit gekommen, dass ein Jude nicht mehr beim Staat oder bei privaten arischen Arbeitgebern beschäftigt werden durfte. Man kann sich vorstellen, welche Arbeitslosigkeit darauf bei den Juden herrschte. Viele Lehrer, Ärzte, Professoren und Ingenieure wurden von einem Tag auf den anderen entlassen, natürlich ohne Entschädigung. Der Staat hat in allem Recht, jedenfalls unter einem Adolf Hitler! Von der öffentlich-staatlichen Arbeitsvermittlung wurden Juden nicht mehr betreut. Also hatte man bereits begonnen, eine jüdische Arbeitsvermittlung aufzubauen, denn es gab ja noch eine ganze Reihe von jüdischen Geschäften, Handwerkern und sonstigen Unternehmern. Ich begab mich nun zur neuen jüdischen Vermittlung und fragte nach einem Ausbildungsplatz. Die Dame hatte für mich 2 Adressen. Die erste war eine Lehrstelle bei einem Elektriker. Das war für mich sehr interessant. Die andere war eine Ausbildung als Kaufmann in einer Glas-Porzellan-Kristall Engrosfirma, was mich überhaupt nicht interessierte. Die Situation der Juden verlangte damals nach Handwerkern. Daher ging ich sofort zu dem Elektriker. Doch der war nicht in seinem Büro sondern sicher bei einer Außenarbeit. Nach 2 Stunden Wartezeit wurde ich sehr unruhig bei dem Gedanken, dass mir vielleicht ein anderer den Platz bei der Grossistenfirma wegschnappen könnte. Das Glück, gleich 2 Adressen zu bekommen, war ja eine Seltenheit. So ging ich zu der zweiten Adresse und bekam sofort die Stelle. Der eine der beiden Chefs, der mich empfing, war ein drahtiger Typ, nicht viel größer als ich, aber in seiner Art klar, direkt und sehr sympathisch. Also begann ich meine Ausbildung bei Gebrüder Schachmann, einer alten, gut eingeführten Firma, der drittgrößten dieser Branche in Berlin. Sie hatte als jüdische Firma immer noch einen großen zufriedenen Kundenkreis.

Ich persönlich war über diese Wendung sehr enttäuscht, denn ich sah nicht, wie ich mir als Kaufmann in einem anderen Land eine Zukunft aufbauen könnte, selbst wenn ich mit dem Leben davonkäme.

Mein Vater war jedoch sehr zufrieden, denn er meinte, ich sei als Handwerker nicht robust genug und hätte außerdem ein zu schwaches Sehvermögen. Ich selbst hätte große Lust gehabt, Tischler zu werden, aber das gab es leider nicht. Also begann ich mit viel Energie und Hoffnung zunächst im Lager als Lagerarbeiter, um unsre Ware kennen zu lernen. Meine Lehrzeit dauerte 3 Jahre und sollte folgende Sparten einschließen: Lager, Expedition, Büroarbeit, Buchführung, Kassieren, Einkauf und Verkauf. Außerdem musste ich zweimal in der Woche zur Berufsschule.

Angestellte und Chefs Schachmann (in weißen Hemden) bei einem Ausflug; Rudolf Sinnreich unten links

Mittlerweile gab es immer mehr einschränkende Gesetze wie Eintrittsverbote in Kinos, Theater und andere Vergnügungsstätten. Zuerst blieb es dem Eigentümer überlassen, ob er ein Schild ‚Juden unerwünscht' anbringen wollte. Später gehörte es zum guten Ruf eines Ortes, sich nicht durch die Anwesenheit eines Juden stören zu lassen. Auch wurde eingeführt, dass Stätten, an denen mehr als 5 Juden zusammenkamen, eine besondere Erlaubnis einholen mussten. Das betraf zum Beispiel auch das jüdische Ehepaar Mosson, die wegen ihrer Abstammung nur Juden in ihrer Tanzschule aufnehmen durften. Die Juden versuchten trotzdem so normal wie möglich weiter zu leben.

Das taten auch meine Eltern. Sie sagten sich: "Unsere Tochter ist jetzt 17 Jahre alt. Wer weiß, wie lange es noch möglich ist. Sie soll tanzen lernen und unter andre junge Leute kommen." Gleichzeitig hatten sie ein bisschen Angst vor den andren jungen Leuten. "Wir schicken Rudi mit als Aufpasser, damit sie nicht allein nach Hause kommen muss!" Gesagt, getan! So kam ich als 14jähriger mit Erika zum Tanzunterricht. Als Erstes steckten Herr und Frau Mosson mich in die Klasse der Jüngeren, sodass Erika andere Zeiten hatte. Trotzdem passierte ihr nichts anderes, als dass sie dort ihren späteren Mann kennen lernte. Auch mir erging es nicht anders. Jenni Weißgerber wurde auch als ‚Anstandswauwau' zum Tanzen geschickt, um auf Sonja Gorbats aufzupassen. Als gute Kameradin hatte Jenni Sonjas Eltern versprochen mitzugehen. Sie selbst war total uninteressiert an Tanz und saß meistens auf dem Stuhl. Die Mossons baten mich einmal, ich solle mich opfern und Jenni so viel wie möglich zum Tanz auffordern. Ich tat es zähneknirschend, denn sie war so graziös wie eine Eisenbahnschiene. Nach und nach fingen wir an uns zu unterhalten. Dabei erzählte sie mir, dass ihre Lehrstelle in einer Lampenschirmfabrik nur 50 Meter von meiner entfernt war. Also holte ich sie, wenn es zeitlich klappte, von der Arbeit ab und brachte sie nach Hause. Ich lernte auch ihre Eltern kennen, deren einziges Kind sie war. Jennis Vater war Schneider. Da die Eltern äußerst nett zu mir waren, mochte ich sie manchmal lieber als ihre Tochter. Doch mit der Zeit lernten wir uns besser kennen und Jenni wurde mir ein guter Kamerad.

Als ich einmal spätabends von der Arbeit nach Hause kam, fand ich meine Eltern sehr aufgeregt und die Wohnung auf den Kopf gestellt vor. Die Gestapo hatte eine Hausdurchsuchung vorgenommen, da wir "nachts eine Druckmaschine laufen ließen vermutlich für antinazistische Propaganda"! Natürlich fanden sie keine Druckutensilien und mussten unverrichteter Dinge abziehen. Allerdings nahmen sie meinen Vater mit ins Hauptquartier und verhörten ihn einige Stunden lang. Da er einen ungarischen Pass besaß, ließen sie ihn wieder frei. Das wiederholte sich etwa ein halbes Jahr später. Wieder nahmen sie meinen Vater mit. Am Schluss der Vernehmung drohten sie: Bei einer dritten Anzeige würde er nicht mehr nach Hause dürfen, denn: Kein Rauch ohne Feuer!

Endlich verstand mein Vater, dass die Denunziation von Herrn von Roggenbach kam, weil mein Vater damals nicht die Wohnung mit ihm getauscht hatte. Er konnte nicht akzeptieren, dass er als Adliger mit nur 2 Zimmern unter einem Juden mit größerer Wohnung leben sollte. Also versuchte er es durch falsches Anschwärzen. Mein Vater aber begriff nun endlich die Situation in Deutschland und begann sich für Auswanderungsmöglichkeiten zu interessieren.

Auf meinem Arbeitsplatz fand ich mich gut zurecht. Es war alles andere als langweilig. Jeder Tag brachte etwas Neues für mich. Eines Tages wurde ich durch die Firma Mitglied im jüdischen Ruderclub mit großer Villa und Bootshaus an der Spree. Einmal in der Woche war Training, am Wochenende Übernachtung in der Villa mit Sang und Tanz für alle Mitglieder mit Frauen und Kindern. Für Jung und Alt war es die einzige Abwechslung im Alltag. Wir Jungen waren oft ausgelassen und laut, bis der Vorsitzende einen zum ‚Stiefel' verurteilte. Das half sofort. Man musste einen Glas-Schaftstiefel mit 2 Liter Hellbier austrinken und durfte nur 2 bis 3mal absetzen. Das wirkte!

Als der Ruderclub nicht mehr die deutsche Flagge benutzen durfte, weinten die älteren Mitglieder wie kleine Kinder. Sie hatten alle im 1. Weltkrieg gekämpft. Mir als Zionist lief es kalt den Rücken hinunter, wie deutschnationalistisch Juden immer noch denken konnten. Da die Behörden nur noch selten die Erlaubnis zum Treffen gaben, mussten wir das Rudern aufgeben, um nicht verhaftet und ins KZ gesteckt zu werden.

Die Familie meiner Mutter hatte großes Glück. Nacheinander durften sie nach Südafrika auswandern. Es war geplant, dasselbe auch für uns zu erreichen. Sie überredeten einen Goldminenbesitzer, meinen Vater als Ingenieur zu wichtigen Maschinenreparaturen anzufordern. Die britische Regierung in Rhodesien erlaubte ihm aber nicht, seine Familie mitzubringen. Der Familienrat beschloss, mein Vater sollte allein hinfahren und schnellstens einen Einwanderungsantrag für uns stellen. Wir dachten, diese Leute hätten schließlich auch menschliche Gefühle. Als mein Vater sein Visum hatte, begleitete ich ihn im August 1938 nach Hamburg aufs Schiff. Wir nahmen einstweilen Abschied voneinander. Auf der Rückreise nach Berlin dachte ich: Wenigstens sein Leben ist gerettet. Bei den Beamten dort an menschliche Gefühle zu denken, war allerdings ein großer Irrtum! Nach 2 bis 3 Wochen erhielt er abschlägigen

Bescheid, worauf er sofort einen neuen Antrag stellte. Das wiederholte sich mehrmals. Vater befand sich nun im Busch, bewohnte eine typische Rundhütte und hätte gern den Luxus unserer Gartenlaube gehabt. Alle möglichen Tiere waren seine Besucher, auch Schlangen.

Mutter lebte mit uns Kindern in Berlin. Grete kam oft heimlich zum Helfen. Ich war der einzige Verdiener. Erika heiratete im Winter. Ihr Mann erhielt von den Briten die Erlaubnis, an der hebräischen Universität in Jerusalem, Palästina, zu studieren. Erika war somit die zweite glücklich Gerettete unserer Familie!

Am 11. September 1938 war ich 19 Jahre alt geworden. Mein Leben bestand nur noch aus Arbeit. Wir waren von früh um acht bis mindestens 10 Uhr abends, oft länger, in der Firma beschäftigt. Zum Nachhausefahren durfte ich dann unser Firmenauto benutzen, so auch am 8. November. Früh am nächsten Morgen fuhr ich auf regennasser Straße zur Arbeit. Plötzlich trat ich stark auf die Bremse: Mein Scheinwerfer beleuchtete auf dem Fahrdamm einen Arm, etwas weiter einen zerschmetterten Kopf und eine Masse anderer Körperteile. Ich erkannte, dass es sich um Schaufensterpuppen handelte. Eine wilde Menschenmenge war dabei, das riesige Schaufenster eines Herrenbekleidungsgeschäfts einzuschlagen. Das Geschäft wurde geplündert, und die entkleideten Puppen warfen sie einfach auf die Straße, wo sie zerschellten. Um mich kümmerten sie sich überhaupt nicht. Beim Weiterfahren sah ich viele andere geplünderte jüdische Geschäfte. Die Glassplitter der Scheiben glitzerten auf den Bürgersteigen wie Kristall. Daher nannte man diese Aktion: Kristallnacht. Auch viele Synagogen in Deutschland waren in Brand gesteckt worden. Das sah ich zum Glück nicht.

In der Firma traf ich meine beiden Chefs. Auf eine Warnung hin waren sie zu ihrem Unternehmen geeilt, um ihre Kriegsauszeichnungen aus dem 1. Weltkrieg in die Schaufenster zu legen. An diesem Tag waren wir alle nicht imstande zu arbeiten. Erst nachmittags um 5 Uhr geschah es: Sie stiegen durch das Schaufenster über die Kriegsorden hinweg und räumten unsern Mustersaal aus. Es ging relativ schnell, da sie zu diesem Zeitpunkt schon gut eingearbeitet waren. Mit Fluchen und Schimpfen auf die Juden machten sie sich ein gutes Gewissen, deren Eigentum zu stehlen. Man fragte mich, wer ich wäre und forderte mich auf: "Mach, dass du weg kommst!" Als ich durch das Haupttor auf die Straße kam, sah ich, wie man meine Chefs in ein Polizeiauto stieß.

Zuhause angekommen, öffnete meine Mutter die Tür und bedeutete mir mit dem Finger auf dem Mund, nichts zu sagen. Nachdem sie die Tür hinter mir geschlossen hatte, flüsterte sie mir zu: "Hier habe ich einen Koffer gepackt mit deinen wichtigsten Sachen. Du musst morgen früh über Wien nach Budapest fahren zu Papas Verwandten. Jetzt musst du sofort zu unseren Freunden Angermünde gehen und dort übernachten. Sie wissen Bescheid und sind so nett, dieses Risiko auf sich zu nehmen. Heute werden alle jüdischen Männer über 13 Jahre verhaftet. Hier im Kuvert hast du eine Zugfahrkarte und einen ungarischen Pass, den Papa vor seiner Abreise für uns besorgt hat. Sie gab mir einen Kuss und den Koffer und schubste mich hinaus, bevor mir richtig klar wurde, dass dies ein Abschied auf unbegrenzte Zeit war.

Auf dem Weg von etwa 20 Minuten wurde der Koffer mit jedem Schritt schwerer. Da es schon spätabends war, traf ich kaum Menschen und kam gut bei Angermündes an. Sie nahmen mich sehr freundlich auf, baten aber, mich wegen der Nachbarn leise zu benehmen. Ganz früh am nächsten Morgen erhielt ich ein gutes Frühstück, nahm meinen Koffer, fuhr zum Bahnhof und stieg in den Zug nach Wien. Wie unwohl mir zumute war, kann man sich denken. Ich fand einen Platz in einem Abteil mit Arbeitern aus Österreich, die auf dem Weg nach Hause in die Ferien waren. Auf der Fahrt machten sie Witze über die Kristallnacht wie: "Wenns mir a Jud sehn, da schlagn mir alle Fenster a."

In Budapest angekommen, wartete ich auf dem Bahnsteig, gespannt, ob jemand kam, um mich abzuholen. Richtig, Onkel Pali kam auf mich zu, begrüßte mich und nahm mich mit nach Hause. Mutter hatte ihm telegrafisch meine Ankunft mitgeteilt ohne weitere Angaben. So erklärte ich ihm die Situation der deutschen Juden. Etwas hatte man sogar in Ungarn darüber geschrieben, "aber soo schlimm kann es doch nicht sein," meinte er, "doch da du nun hier bist, kannst du bei uns übernachten. Morgen sehen wir dann weiter." Zwischendurch fragte er mich mehrmals, ob ich sicher sei, dass ich nichts angestellt habe, weswegen man mich einsperren wolle, was ich mit gutem Gewissen verneinte. All meine Verwandten sprachen perfekt deutsch. Da ich auf ungarisch keinen Satz sprechen und verstehen konnte, war ich nicht produktiv einsetzbar und damit eine Belastung, an die weder meine Mutter noch ich in der Stunde der Gefahr gedacht hatten. Das beschäftigte meine Gedanken sehr lange vor dem Einschlafen. Am Morgen nach dem Frühstück durfte ich mit Onkel Pali mit ins Papiergeschäft gehen, das er vom Vater übernommen hatte. Auf einem großen Schild stand der Name meines Großvaters: Szigmond Sinnreich. Das war das Einzige, was ich lesen konnte.

Im Laufe des Tages telefonierte mein Onkel mit seinen anderen Geschwistern. Sie einigten sich so: Der Reihe nach sollte ich bei meinen Verwandten essen, schlafen und im Papiergeschäft helfen.

Die Situation der Juden in Ungarn war m. E. ungefähr die gleiche wie 1933 in Deutschland: Man war unruhig, hatte einige Einschränkungen hinnehmen müssen, konnte aber verstehen, dass die Regierung den großen Nachbarn nicht vor den Kopf stoßen durfte, indem sie Judenfreundlichkeit hätte walten lassen! Das war typisch jüdisch: Ihr Optimismus einerseits, ihr Verständnis andererseits, Einschränkungen, auch Arbeitslosigkeit hinzunehmen. Doch alles nahm in der folgenden Zeit deutlich zu. Die Juden meinten genau wie bei uns damals: "Das ändert sich bald wieder. Solche Unmenschlichkeiten werden sicher schnellstens widerrufen!" Es dauerte ebenso lange, bis die Juden in Ungarn einsahen, dass auch sie ungewöhnlich naiv waren und bis sie sich mehr mit Zionismus und Ausreisemöglichkeiten beschäftigten. Aber da war es schon zu spät für die, die keine Reichtümer besaßen oder bekannte Wissenschaftler waren.

Für mich war das eine schreckliche Zeit. Ich suchte nach Kontakten, um nach Eretz Israel, bzw. Palästina, zu kommen oder in ein anderes Land. Überall wurde ich abgewiesen, sowohl von jüdischen Organisationen wie auch von Botschaften. In Briefen von meiner Mutter und Jenni konnte ich zwischen den Zeilen lesen, dass es auch in Deutschland weiter bergab ging. Ich lernte die schlimme Krankheit Platzangst kennen.

Nach einem Streit mit meiner Tante musste ich eine andere Bleibe finden. Onkel Pali half mir. Ich fand ein kleines Zimmer mit Bett, Minitisch und Hocker.

Wenn ich es schaffte, mir von meinem Frühstücksgeld einige Pengö abzusparen, bin ich abends einige Male ins ‚Café Westend' gegangen und habe bei einem Glas Fekete (schwarzer Kaffee) einer Zigeunerkapelle zugehört. Ach, war das ein Genuss! Den kann ich noch heute nachempfinden. Das war der Lichtpunkt meines Ungarnaufenthaltes.

Dänemark

Im Laufe des Monats Februar habe ich eingesehen, dass ich in Ungarn keinesfalls eine Zukunft haben noch von dort in ein sicheres Land kommen konnte. Also beschloss ich, zurück nach Berlin zu reisen. Die Möglichkeit, beim Passieren der beiden Grenzen als Jude erkannt zu werden und direkt in ein Konzentrationslager zu kommen, war größer, als zu Hause anzukommen. Ich entschloss mich trotzdem dazu und stieß bei meiner Familie in Budapest auf keinerlei Widerstand. Anfang März 1939 wagte ich die Reise, und alles ging gut. Meine Mutter war sehr überrascht und konnte mich zuerst gar nicht verstehen. Gleichzeitig merkte ich, dass sie der gleichen Meinung war wie ich.

Schon am nächsten Tag ging ich zum Büro der zionistischen Organisation und hatte eine längere Unterhaltung mit der Leiterin der Jugendabteilung, Frau Recha Freier, die mir vorschlug, in ihrer Abteilung zu arbeiten. Sie versprach mir, für mich eine Lösung zu suchen. Diese Abteilung befasste sich gerade mit einem Abkommen zwischen England, Schweden, Dänemark und Deutschland über Studentenaustausch in der Landwirtschaft die im Augenblick von deutscher Seite nicht genutzt wurde. Meine Aufgabe bestand darin, die Koffer dieser Menschen, deren Inhalt sie vorher beim Zoll hatten angeben müssen, zur Kontrolle vorzulegen. Nach der Überprüfung wurden diese verplombten Koffer direkt zur Eisenbahn geschafft, sodass erneutes Öffnen unmöglich war. Zu meinem Glück hatte diese Zollkontrollstation um 5 Uhr Feierabend. So war ich schon um 6 Uhr frei und konnte Jennis Familie besuchen, die sich richtig freute, mich wieder zu sehen.

Als ich bald danach zu ihnen kam, waren sie voller Hoffnung. Sie hatten erfahren, die Botschaft von Hongkong wäre bereit, noch Juden aufzunehmen. Sie wollten sich am nächsten Tag sofort anmelden. Am Abend darauf erzählten sie mir, dass sie schon vor der Botschaft eine lange Schlange von wartenden Menschen antrafen und dass die Anzahl der genehmigten Einwandererquote nach Hongkong bereits erfüllt wäre. Damit schwand die letzte Hoffnung für deutsche Juden, legal auszuwandern.

Etwa Ende Juni 1939 erhielt Jenni eine Einreiseerlaubnis nach England als Chaluzah (Pionierin) von unserem Büro mit dem Vermerk, dass sie innerhalb eines Monats reisen müsse. Ich selbst bekam meine Einreisegenehmigung nach Dänemark etwa Ende Juli. Innerhalb von 2 Tagen gelang es uns mit Hilfe meines Büros , Jennis Reise auch nach Dänemark umzutauschen. So konnten wir zusammen reisen, was natürlich eine riesige Spannung hervorrief. Für Jenni und mich bedeutete es jedenfalls eine gute Ablenkung von den Problemen, welche die Trennung von der Familie verursachte. Jenni war Einzelkind! Uns war allen klar, dass es ein Abschied fürs Leben war. Für Jenni und ihre Eltern wurde es so. Sie haben sich nicht mehr wiedergesehen.

Noch heute freue ich mich, dass ich ihren Eltern versprochen habe, ihre Tochter zu beschützen und auf sie aufzupassen. Am 27. Juli 1939 war auf dem Bahnsteig in Berlin ein Riesengedränge, denn es waren viele Chaluzim, die nach Dänemark und Schweden reisen durften. Es gab schlimme Szenen zu beobachten. Alle Familienmitglieder, die in Deutschland bleiben mussten, begleiteten uns. Sie wollten ihren Lieben noch zum Abschied winken. Mit Jenni kamen nur ihre Eltern. Mehr Verwandte gab es nicht. Mich begleiteten meine Mutter, ihr Vater und unsre treue Grete. Wir wünschten uns gegenseitig das Beste und hofften auf ein Wiedersehen in Freiheit. Und dann fuhr der Zug ab.

Schon ungefähr ein Jahr vor unsrer Abreise hatte man in Deutschland bestimmte Lebensmittel nur sehr schwer kaufen können. Man munkelte, dass Hitler bestimmt hatte, diese Lebensmittel für den Fall eines Krieges zu lagern. Daher war für Jenni und mich das Hauptgesprächsthema im Zug nach Dänemark: Kommen wir noch über die Grenze, bevor der Krieg ausbricht? Es war wirklich sehr spannend, denn wir fühlten den Krieg damals schon sehr nahe.

Wir kamen einen Monat und 4 Tage vor Kriegsausbruch in Warnemünde an. Der Zug fuhr auf die dänische Fähre, die bald in See stach. Wir waren die Geretteten des Tages!

Sobald wir den frischen Wind spürten, empfanden wir ein Gefühl von Freiheit. Wir gaben uns Mühe, uns trotz dieser aufwallenden Gefühle zu beherrschen, um nicht aufzufallen. Bis nach Gedser durften wir an Deck gehen, wofür wir sehr dankbar waren. Als wir eine ganz steile Treppe nach oben kletterten, blieb ich einen Moment stehen, denn ich sah von unten die Beine einer sehr dicken Frau mit einer dicken Zigarre im Mund. Der Anblick ließ mich erstarren. Nicht so sehr die Figur der Frau, sondern die Zigarre, die dicker und länger war als die meines Vaters, schockierte mich. In Deutschland konnte man Frauen ertappen, wie sie heimlich eine Zigarette rauchten, aber Zigarre, das wäre eine Unmöglichkeit gewesen. Das war mein erster Eindruck von Dänemark und der dänischen Mentalität, und das ist absolut positiv zu verstehen. Als wir sahen, wie sich die deutsche Küste mehr und mehr von uns entfernte, bekam ich ein Gefühl wie ein Mensch, der zu lebenslänglichem Gefängnis verurteilt war und nach 6 Jahren Haft plötzlich und unverhofft als unschuldig entlassen wurde, weil er wirklich unschuldig war.

Als wir wieder in den Zug stiegen, schienen wir andere Menschen geworden zu sein, die von jetzt an ihr Leben selbst gestalten könnten. Wir fühlten uns mindestens um 10 Jahre älter. Von Gedser bis nach Kopenhagen sprachen wir nur über das neue Leben. Wir wussten ja nicht, was auf uns zukam und achteten weder auf die dänische Landschaft noch auf Mitreisende. In der Hauptstadt erfuhren wir, dass wir einige Stationen mit einem Bummelzug zurückfahren mussten, um in Taastrup auszusteigen.

Jeder von uns hatte eine große Aussteuerkiste und 2 große Koffer sowie andere Dinge, die wir schnellstens ausladen mussten. Jenni passte darauf auf, während ich versuchte, den Mann zu finden, der uns vom Bahnhof abholen sollte, um uns an unsere Arbeitsplätze zu bringen, die nicht weit voneinander liegen sollten. Doch alles klappte prima.

Der Mann war ein Chawer vom Hechaluz, ein Kamerad der zionistischen Organisation, der wie wir auf einem Bauernhof arbeitete. Nante hatte sich schon vor einigen Monaten dorthin retten können. Er wartete vor dem Bahnhof mit einem kleinen Pferdewagen, den ihm sein Bauer zu benutzen erlaubte. Nante selbst hatte unsere Arbeitsplätze gesucht und gefunden. Nach einer halben Stunde kamen wir zum Dorf Sengelöse (Bettlos), ein lustiger Name. Zuerst brachten wir Jenni zu ihrem Bauernhof. Nachdem wir sie abgeladen und mit ihrem Bauern Bekanntschaft geschlossen hatten, fuhren wir zu meinem Hof. Auch hier wurden wir freundlich, aber nicht sehr warmherzig aufgenommen. Der Bauer führte uns eine steile Treppe hinauf zum ersten Stock. Zwischen zum

Trocknen aufgehängten Laken fanden wir 2 kleine Zimmer. In eines führte uns der Hausherr und sagte, ich könne meine Sachen dort heraufbringen, was sich nicht als einfach herausstellte, denn die Aussteuerkiste war fast so breit wie die Treppe und Türen. Als wir endlich fertig waren, fiel uns auf, dass ich mit meinem Gepäck den Zugang zum Bett und auch zum Fenster verbaut hatte. Zum ‚Glück' war kein Ofen im Zimmer. Dadurch brauchte ich nur über meine Koffer und Kiste hinwegzuschweben und kam so in alle Ecken des Zimmerchens.

Auf der Fahrt hatte Nante uns folgendes humorvolles Erlebnis erzählt: Letztens wurde ein neuer Kamerad von einem anderen vom Bahnhof abgeholt. Der bereitete den Neuankömmling vor, was ihn am nächsten Morgen erwarten würde. "Morgen früh um halb fünf wird der Bauer an deine Tür klopfen. Dann fängt dein Arbeitstag an. Um freundlich zu antworten, lerne einen dänischen Satz auswendig. Er heißt: "Danke für das Wecken. Ich komme, sobald ich angezogen bin." In Wirklichkeit bekam er beigebracht: "Du Kuhkopf, ich bin doch nicht doof, mitten in der Nacht aufzustehen!" Als er kurz danach angezogen in die Küche kam, wurde er von dem wütenden Bauern mitsamt seinen Sachen vor die Tür gesetzt. Man brauchte 2 Tage, um den Bauern zu besänftigen. Unsere Arbeits- und Aufenthaltserlaubnis war nämlich auf den Namen des Bauern im Pass eingetragen. Wir mussten bei dem Bauern bleiben oder einen anderen Arbeitsplatz finden, der dann erst durch Polizei und Arbeitsministerium genehmigt werden musste. Jenni und ich waren aber so ‚doof' und standen jeden Tag um halb fünf auf, außer sonntags. Da durften wir bis sieben schlafen, mussten aber doch einen Teil arbeiten, wie z. B. Tiere füttern, Ställe säubern oder andere dem Bauern wichtige Arbeiten. In der Regel fand er immer wichtige Arbeit. Auch in Dänemark hatten wir also Begrenzungen. Wenige Tage nach unserer Ankunft kam ein Ehepaar auf Nachbarschaftsbesuch. Jenni kam zu unserm Hof, um dieselben Informationen zu erhalten. Ehepaar Singer arbeitete auch in Sengelöse. Hugo war Vorsitzender der Pionier-Gruppe vom Zentrum Roskilde. Dort waren alle jüdischen Landarbeitslehrlinge zusammengefasst. Wir sollten mit dem Bauern abmachen, dass wir alle 14 Tage zwei Tage frei bekommen, um mit geborgten Fahrrädern nach Roskilde zu radeln. Da würden wir mit allen Kameraden übernachten. Das wäre sozusagen unsere einzige Abwechslung. Außerdem wird der Bauer uns nach dem Gesetz jeden Monat ein

Taschengeld von 25 dänischen Kronen geben. Dies Geld müssten wir sofort ungekürzt der Gruppenkasse übergeben. Wir müssten uns schon jetzt in Dänemark an die Kibbuzordnung gewöhnen. Die Kasse verwaltet das gesamte Geld und kauft den Kameraden Seife, Zahnpasta usw. ein, damit alle dasselbe bekommen. Für die Raucher gäbe es eine Zigarette pro Tag. Jenni erlaubte sich die Frage, ob Nichtraucher dafür ein Stück Schokolade bekämen, was sofort empört abgewiesen wurde. Wir dürften auch nicht ohne besondere Erlaubnis ins Chaluz-Büro nach Kopenhagen kommen. Wir sollten uns schon jetzt fühlen, als ob wir in einem Kibbuz lebten. Für alle persönlichen Unternehmungen brauchten wir die Erlaubnis von Hugo oder seinen beiden gewählten Helfern. Nachdem Singers gegangen waren, blieb Jenni noch kurz und wir diskutierten unsre neue Lebenslage. Erfreulich war, dass wir ein Taschengeld erhalten durften. Alles andere nahmen wir leicht, denn wir wussten bereits nach wenigen Arbeitstagen, dass wir gar nicht imstande wären, anderes zu unternehmen. Jeden Abend um 9 Uhr, wenn ich die Pferde gefüttert hatte, fiel ich halb schlafend ins Bett. Noch schlimmer sah es mit Jenni aus.

Einige Tage nach diesem Treffen borgte ich mir ein Fahrrad und besuchte sie auf ihrem Hof. Als ich die Treppe zu ihrem Zimmer hinaufkam, fand ich sie schlafend auf dem Fußboden. Sie hatte es nicht mehr schaffen können, in ihre Kammer zu gelangen. Sie sagte, dass sie die Arbeit nicht bewältigen könne. Die Bauersfrau lag mit Tuberkulose im Bett, litt unter Schmerzen und musste gepflegt werden. Sie hatte 3 Kinder, von denen 2 noch nicht zur Schule gingen und auf Jenni angewiesen waren, ohne dass sie sich wegen der Sprache richtig verständigen konnten. Jenni musste für alle kochen, die Wohnung säubern und manchmal noch auf dem Feld helfen. Sie begann um 4 Uhr früh und arbeitete, bis sie alles geschafft hatte. Bisher hatte sich Jenni nicht beklagt, nur gesagt, dass ihr die Arbeit sehr schwer falle. Sie hätte keine Minute zum Verschnaufen. So versprach ich ihr, mit meinem Bauern zu sprechen, um das abzuändern. Am nächsten Tag bat ich meinen Chef und seine Frau um eine Unterredung und versuchte ihnen Jennis Situation zu erklären. Das war wegen der mangelnden Sprachkenntnisse gar nicht einfach. Irgendwie gelang es mir doch. Auch merkte ich, dass sie die Lage auf jenem Hof kannten. Sie gaben mir zu verstehen, dass sie darüber nachdenken und mir abends möglicherweise einen Rat geben wollten.

Nach dem Abendessen ging ich mit dem Bauern in sein Arbeitszimmer. Er erklärte mir, er wäre bereit, Jenni bei sich als Hilfe aufzunehmen, doch müsse sie auch bei ihm Arbeit leisten, allerdings nur im Hause und zusammen mit seiner Frau. Die Bedingung war, dass wir beide zusammen nur 25 Kronen Taschengeld bekommen. Darauf konnte ich leicht eingehen, da wir das Geld sowieso der Kibbuzkasse geben mussten. Noch am selben Abend holte ich Jenni ab, nachdem ich mit ihrem Bauern eine kleine Unterhaltung gehabt hatte. Sie bekam die kleine Kammer neben mir auf dem Trockenboden. Am nächsten Tag erhielt ich die Erlaubnis, mit einem Pferdewagen ihre Koffer zu holen.

Plötzlich hatte ich das Gefühl, ein neues Zuhause zu haben. Ich glaube, Jenni ging es genauso. Das half uns, dass wir uns wieder unseren Aufgaben zuwenden konnten, dem Erlernen der Landwirtschaft mit allen damit verbundenen Arbeiten. Dazu gehörte auch, dass man die Abfälle von Kühen, Pferden, Schweinen, Hühnern und Enten wie auch unsere eigenen sorgfältig lagern und diese dann als total r e i n e n Mist betrachten musste. Dieser ist es, der uns die leckersten Torten auf den Kaffeetisch bringt. So jedenfalls klärte uns Herr Block-Pedersen auf, vermutlich nachdem er meinen Gesichtsausdruck beim Reinigen der Ställe bemerkt hatte.

Chaluz-Gruppe des Zentrums Roskilde
Jenni und Rudolf obere Reihe links

Er war überhaupt sehr nett und wollte gern, dass ich schnellstens ein guter, vor allem schneller Arbeiter werde, denn er war selbst einer, obwohl er statt seiner rechten Hand nur zwei Eisenhaken hatte. Später erfuhr ich, dass er seine Hand in einer Mühle verloren hatte. Die Versicherung bezahlte ihm eine Summe, sodass er sich diesen Hof kaufen konnte. Unsre Besatzung bestand aus dem Bauern selbst, dem Oberknecht, einem Knecht und mir. Jeder von uns hatte ‚sein Gespann', zwei Pferde, für die er verantwortlich war, fürs Füttern, auch für das Striegeln und das Reinigen des Stalls.

Dabei will ich auch die Bauernhof-Toilette beschreiben. Diese befand sich ungefähr 20 Meter entfernt vom Wohnhaus gleich neben dem nächsten Feld. Es war ein kleines Holzhaus mit einer niedrigen Bank und 3 ausgesägten Löchern darin, also Platz für 3 Personen. Unter jedem Loch stand ein großer Metalleimer von circa 30 Litern, den man leicht von der Außenseite auswechseln konnte. Wie praktisch es war, dass die Toilette neben dem Feld lag, wurde mir erst klar, als ich, vermutlich durch die ungewohnt fette Kost in Dänemark, eine fürchterliche Diarrhö bekam, die mit jedem Tag schlimmer wurde. So etwas ist auf dem Lande keine Krankheit. Man lacht nur darüber, was mir nach und nach immer schwerer fiel, da ich nichts mehr essen konnte und immer schwächer wurde. Trotzdem musste ich meine Arbeit tun. Da kam es zum ersten Krach mit dem Bauern. Meine Arbeit bestand darin, dass ich mit einer riesigen, schweren eisernen Egge ein abgeerntetes Kartoffelfeld bearbeiten musste. Meine Pferde mussten die Egge feldauf und -ab ziehen. Ich ging mit den Zügeln hinterher und musste die Pferde antreiben, damit sie die Runde so schnell wie möglich schafften. Denn am andern Ende des Feldes war ich der Toilette nahe. Dort angekommen, band ich die Zügel an die Egge und rannte, was ich nur konnte, zu diesem Häuschen, um dann so schnell wie möglich zur nächsten Runde zurück zu kommen. Jedes Mal wenn ich von den Pferden wegrannte, rief mir der Bauer etwas zu. Er arbeitete etwa 200 Meter von mir entfernt mit seinen Pferden. Ich hatte keine Zeit, zu versuchen ihn zu verstehen, nur Angst vor der Gefahr im ‚Anzug'. Was sollte ich denn anderes tun? Die Erklärung sollte ich erhalten, nachdem ich fünfmal das Praktische mit dem Nützlichen verbunden hatte. Als ich wieder von der Toilette zu meinen Pferden kam, stand mein vor Wut schäumender Bauer mit seinem Gespann neben meinem und schrie auf mich ein. Als er endlich begriff, dass ich nicht verstand, zwang er sich mir zu zeigen, was er mir beibringen wollte. Mir war zum Heulen zumute: Wenn man muss, muss man und natürlich auf der Toilette. Dazu hat man sie, besonders wenn man unter Diarrhö leidet. Aber mein Herrchen zeigte mir jetzt, indem er mit der linken Hand seine Zügel um seinen rechten Eisenhaken wickelte und festklemmte, dass die Zügel dort zu bleiben haben! Mit der Linken zog er seine Hosen runter, hockte sich hin und... So macht man das! Man verlässt nicht seine Pferde! Auch das habe ich gelernt! Nun, im ganzen Gebiet von Sengelöse hatte man etwas zu lachen!

Als ich zur Mittagspause die Pferde abgespannt und versorgt hatte, schleppte ich mich mit meinen Gummibeinen zum Haus, wo die anderen bereits um den Tisch saßen. Da rief mich der Oberknecht zu sich und meinte, ich solle sein Fahrrad nehmen, zum Kaufmann fahren und mir Medizin kaufen. Er erklärte es mir mit Mund, Händen und Füssen, schrieb etwas auf einen Zettel und bedeutete mir, dass es gut gegen die Krankheit wäre. Er gab mir 5 Kronen aus eigener Tasche, denn er wusste, dass wir kein Geld hatten. Wenigstens Einer hatte Mitleid mit mir! Unsicher und schlapp kam ich zum Kaufmann und gab ihm den Zettel und das Geld, worauf er mich erst misstrauisch ansah, dann aber zum Regal ging und eine halb hohe Flasche brachte, auf der zu lesen war: Aalborg-Aquavit. Diesen Namen hatte ich noch nie gehört. Ich bat ihn, den Korken für mich rauszuziehen. Das erschreckte ihn irgendwie, aber nach längerem Bitten nahm er die Flasche hinaus auf die Straße, öffnete sie dort und sprang sofort zurück ins Geschäft, als wollte er es nicht gewesen sein. Komisch, fand ich, aber ich wollte meine Medizin versuchen und trank einen kleinen Schluck zur Probe. Es wurde mir gleichzeitig warm und scharf im Mund und Bauch, aber es tat mir so gut, dass ich gleich noch einen großen Schluck nahm und noch zwei weitere. Dann fiel mir ein, dass die Mittagspause gleich vorbei war und schwang mich aufs Rad. Ich steuerte mit der linken Hand und trank von Zeit zu Zeit aus der Flasche, die ich in der Rechten hielt. Ach, ich kann gar nicht beschreiben, wie gut ich mich fühlte, als ich nach der kurzen Strecke von 2 km ankam! Sofort stellte ich das Rad auf seinen Platz, machte die Pferde klar, spannte sie vor mein Gerät und arbeitete weiter, ohne auf die Toilette rennen zu müssen. Der Rest in der Flasche ging auch sehr schnell drauf, aber die Diarrhö war wie weggeblasen.

Seither nenne ich diesen Trank ‚Mein Lebensretter'!!!

Nach der Feuertaufe auf Jennis erstem Hof fühlte sie sich auf Stenbjerggaard, wie unser Hof hieß, wesentlich besser. Doch auch hier musste sie ohne Pause schuften. Sogar beim Mittagessen musste sie andauernd aufstehen, um die geleerten Schüsseln wieder aufzufüllen. Und dann wurde sie noch gerügt, dass sie am längsten isst. Auch am Abend nach dem Abwasch fand die Bäuerin noch viele Dinge, die gemacht werden mussten. Jenni war nie vor halb zehn fertig, oft noch später. Viel konnten wir uns nicht miteinander unterhalten, wir waren einfach zu müde.

Doch alle 14 Tage radelten wir am Samstag früh nach Roskilde und genossen diese Zeit der Freiheit, angefangen bei der Radtour, bis wir wieder zurück waren.

Dann kam unser erster Winter in Dänemark, von dem man noch heute spricht, da er sehr kalt und lang war und Temperaturen bis minus 30 Grad brachte. Es gab häufig Schneestürme. In vielen Orten lag der Schnee 1 bis 2 Meter hoch. Auf dem Lande musste die Bevölkerung die Straßen selbst frei schaufeln, sodass sie befahren werden konnten. Das Schneeschaufeln wurde nicht als Arbeit angesehen. Es war einfach eine Lebensnotwendigkeit. Auf dem Hof gab es auch im Winter genug zu tun. Die Arbeit bestand in erster Linie aus Reparaturen an Maschinen, Haus und Hof, zu denen man im Laufe des Jahres keine Zeit hatte, z.B. wurden alle Ställe neu gekälkt. Übrigens war das Dach unserer Kammern nicht dicht. Bei jedem Schneesturm füllten sich auch unsre Zimmer mit Schnee, sowohl durch das Dach als auch durch die Fenster, denn die hatten keine Glasscheiben. Als ich im Herbst die Scheiben durch Pappe ersetzt hatte, zwang mich mein Bauer, diese wieder zu entfernen. Die Nachbarn könnten es sehen und glauben, er sei zu arm. Er war es!

Am 9. April 1940 wurde Dänemark von der deutschen Wehrmacht überfallen. Schon am frühen Morgen kam Geschwader auf Geschwader von deutschen Flugzeugen und wir vermuteten das Schlimmste. Leider hatten wir recht. Wir glaubten, der Krieg sei ausgebrochen. Im Laufe des Tages erfuhren wir, dass König Christian X. befohlen hatte, keinen Widerstand zu leisten. Plötzlich entdeckte Kopenhagens Bevölkerung, dass einige tausend deutsche Soldaten da waren. Diese hatten in einigen großen Frachtschiffen im Hafen gelegen, bereit zum Abruf: Ausgezeichnete Organisation, wie bei den Deutschen üblich. Die Soldaten besetzten verschiedene wichtige Orte, unter anderem den königlichen Palast nach kurzem Kampf mit der Leibgarde. Sie zogen die dänische Flagge nieder und die Hakenkreuzfahne auf. Darauf ließ sich der König telefonisch mit dem Obersten Offizier der Wehrmacht verbinden und sagte ungefähr Folgendes: "Ich verlange, dass die Flaggen wieder ausgetauscht werden!" Die Antwort war: "Diesen Wunsch können wir Ihnen leider nicht erfüllen!" Darauf der König: "Dann sollen Sie wissen, dass in genau 30 Minuten ein hoher Offizier des dänischen Militärs die Flaggen austauschen wird." - "Den Offizier, der das wagt, wollen wir gern sehen!" Genau nach 30 Minuten kam ein Offizier mit einer neuen dänischen Flagge und tauschte die Fahnen wieder aus, ohne dass ihm etwas geschah: Es war der König in eigener Person!

Das machte großen Eindruck auf beide Seiten. Sicher war es von Berlin genehmigt worden, dass die dänische Flagge über dem Königsschloss wehen durfte. Überhaupt habe ich diese Episode nur erwähnt, um die folgende besser verständlich zu machen, denn nun hatte sich der König als "Ein Mann - ein Wort" erwiesen.

Schon am nächsten Tag wurde von deutscher Seite bekannt gegeben, dass auch in Dänemark alle Juden innerhalb von 2 Wochen den gelben Stern an die Kleidung heften müssten, genau wie in Deutschland und allen besetzten Ländern. Noch am selben Tag ließ sich der König wieder mit dem Obersten Offizier verbinden: "Wenn Sie wirklich meinen, dieses Gesetz hier im Lande einzuführen, sollen Sie wissen, dass ich, König Christian, von diesem Datum an den Judenstern tragen werde. Ich bin sicher, dass a l l e Dänen meinem Beispiel folgen werden. So werden Sie nicht herausfinden können, wer wirklich Jude ist!" Auch diese Nachricht ging nach Berlin. Nach einigen Tagen kam der Bescheid nach Kopenhagen, dass die Juden in Dänemark vorläufig davon befreit wären, den Stern zu tragen. So einfach war das! Doch in ganz Europa wagte das nur König Christian! Das nenne ich meine zweite Lebensrettung durch Dänemark.

Jenni und ich waren uns darüber im Klaren, dass unser schwarzer Tag bald kommen würde. Doch sahen wir keine Möglichkeit, aus Dänemark zu flüchten. Als bekannt wurde, dass der König und die Regierung uns Juden positiv gegenüber stehen, suchte ich den Offizier der dänischen Staatspolizei auf, bei dem ich alle 6 Monate meine Arbeits- und Aufenthaltserlaubnis verlängern musste. Ich fragte ihn, ob es eine Möglichkeit gäbe, nach Schweden auszureisen. Seine Antwort war, dass es wesentlich leichter wäre, auf den Mond zu springen. So verschwand auch dies bisschen Hoffnung und wir versuchten jeden weiteren Tag als Geschenk zu genießen. Wir kannten doch Hitlers Judenhass und wussten, dass es uns früher oder später erreichen würde.

Von Jennis Eltern kam nur selten Post. Wir wussten, dass sie unter starker Kontrolle standen. Der Vater musste Zwangsarbeit in einer Uniformfabrik in Berlin leisten, die Mutter in einer Koppelfabrik. Doch sie lebten, und das war das Wichtigste.

Meine Mutter konnte durch ihren ungarischen Pass noch kurz nach Ausbruch des Krieges nach Budapest entweichen und auch ihren alten Vater mitnehmen. Sie wartete bei ihrer Familie in Ungarn auf die Einreiseerlaubnis nach Südafrika, um zu meinem Vater zu kommen. Er hatte schon viele Anträge eingereicht, aber genau so viele Ablehnungen erhalten.

Die Regierung dort wollte meinen Vater betrügen, denn der Antrag vom Februar 1940 wurde nicht abgelehnt. Er wurde zu einer Besprechung in das Ministerium eingeladen. Dort schlug man ihm vor, sich schriftlich zu verpflichten, keine weiteren Anträge für seine Kinder mehr zu stellen. Dann würde man ihm erlauben, seine Frau nach Rhodesien kommen zu lassen. Dazu muss man wissen, dass ab 1. September 1939 keine Juden mehr aus Deutschland ausreisen durften. Mein Vater hatte ihnen aber nicht mitgeteilt, dass es meiner Mutter geglückt war, nach Ungarn zu kommen. So konnte mein Vater auf diesen betrügerischen Vorschlag eingehen und unterschrieb, wie sie es wünschten. Beide Seiten waren zufrieden!

Mein Vater sandte sofort ein Telegramm an meine Mutter mit der Aufforderung, mit dem nächsten Schiff zu kommen, das am übernächsten Tag von Brindisi abging. Sie ließ alle Kisten in Budapest und schaffte es, ein Billett für das Schiff in Italien zu reservieren. In letzter Minute erreichte sie es. Später, als sie schon bei meinem Vater war, stellte sich heraus, dass sie mit dem letzten zivilen Schiff gekommen war, das von Europa nach Afrika segeln durfte! Noch ein glücklicher Zufall!

In der Landwirtschaft musste ich auch pflügen lernen. Der Pflug aus schwerem Eisen wurde von 2 Pferden gezogen. Es war wichtig, dass beide Pferde gleich ziehen, was nicht immer der Fall war, denn auch Pferde können müde werden oder bei der Arbeit träumen. Dann muss man sie durch Anschreien antreiben. Ich versuchte dabei dieselben Worte zu benutzen wie die anderen Kollegen. Natürlich hatte ich keine Ahnung, was ich da rief. Auch wenn das Feld nur 500 Meter lang und breit war, dauerte es ein paar Tage, bis es fertig gepflügt war. Eine der schlimmsten Arbeiten nach der Kornernte war, den Mist auf das abgeerntete Feld zu fahren und auszustreuen, bzw. erst auf den Wagen zu laden. Nach wenigen Minuten sah ich selbst aus wie ein Misthaufen und fühlte mich auch so. Um 10 Uhr kam die Bäuerin persönlich und brachte uns Kaffee und ein Stück Kuchen. Auch das lernte ich schlucken in der Lage und mit solchen Händen. Langsam wurde es Frühling. Damit wuchs uns die Arbeit über den Kopf. Alle Felder mussten für die Saat vorbereitet werden, sobald die Erde aufgetaut war. Und die armen Pferde wurden noch mehr angetrieben. Wir gingen täglich viele Kilometer hinter ihnen her und waren am Abend noch müder. Doch am müdesten waren wir morgens um halb fünf beim Aufstehen. Nur so konnte es geschehen, dass mir das Pferd mit seinem Schwanz beim Striegeln die Brille abschlug. Sie flog in hohem Bogen durch die Luft und prallte auf den von mir sauber gefegten Steinfussboden. Beide Gläser zerschellten. Es war zum Verzweifeln. Ich wusste, dass ich ohne Brille überhaupt nicht imstande war, etwas zu tun. Das meinte der Bauer absolut nicht und wollte mir weder frei geben noch das Geld für eine neue Brille auslegen. Er zwang mich weiter zur Arbeit und lachte mich aus, als ich sagte, es sei für mich lebensgefährlich. Da wurde ich so wütend, dass ich mir mit Jenni zusammen eine andere Arbeit suchen wollte.

Ich konnte schon genug dänisch sprechen und verstehen, sodass ich eine neue Stelle in dem kleinen Dorf Ledöje fand. Das Bauernpaar machte auf uns einen besonders netten Eindruck. Sie sprachen mit uns auf gleicher Ebene. Das tat gut. Sie sagten aber, dass sie für Jenni keine Verwendung hätten, denn außer mir hätten sie keine Mitarbeiter. Das passte uns gut. Wir machten aus, dass wir ein kleines Häuschen benutzen könnten, das zu ihrem Hof gehörte. Jenni sollte dort die Hausfrauenpflichten übernehmen. Sie bezahlten uns den Essenstarif für 2 Personen, aber kein Taschengeld. Damit waren wir sehr einverstanden, denn so konnten wir über unser ,Einkommen' selbst verfügen. An eine Sache hatten wir aber nicht gedacht, dass man das Geld erst am Ende des Monats bekommt, was bedeutete, dass wir einen Monat lang entweder fasten oder etwas organisieren müssten. Das Letztere hielten wir dann doch für passender. So verabredeten wir mit dem Kaufmann in Ledöje, dass wir Haferflocken auf Kredit kaufen und am Ende des Monats bezahlen können. Der Bauer gab uns Milch zu denselben Bedingungen. So war das Problem gelöst, indem wir morgens rohe Haferflocken mit Milch aßen, zum Mittag gekochte und abends knobelten wir aus, wie sie zubereitet werden sollten. Nach einigen Tagen fanden wir, wir sollten auch ein Kilo Zucker ,borgen'. Jetzt schmeckte der Haferbrei einfach himmlisch. Im nächsten Monat kamen wir uns schon fast wie normale Menschen vor, trotz der Einschränkung wegen der Abzahlung .

Mit der Arbeit ging es recht gut. Der Bauer schien zufrieden. Morgens mussten wir beide die Kühe melken, die Ställe reinigen. Nach dem Morgenkaffee ging es mit den Pferden hinaus aufs Feld. Schon in der ersten Woche kam der Bauer auf mein Feld herüber, wo ich mit den Pferden arbeitete und sagte höflich, aber bestimmt: "Hier auf meinem Hof und Feld wird nicht geflucht oder verwünscht. Hier sprechen wir auch zu Pferden eine anständige Sprache!!" Ich war ganz verwirrt und wusste im ersten Augenblick gar nicht, was er meinte. Dann dachte ich an die Ausdrücke, mit denen ich die Pferde antrieb, die aber anscheinend keine normale Pferde-Antriebs-Sprache darstellten. Gleichzeitig ging mir auf, dass mein Bauer religiös war. Er litt unter so viel ‚Schwefel' in den Worten, welche die Dänen zum Anfeuern der Pferde benutzten. "Würdet ihr so freundlich sein," erfand ich statt dessen, "und ein bisschen besser ziehen und weniger schlafen!" Ich sagte es im selben scharfen Ton und siehe da, die Pferde wachten auf. Ich hatte das Gefühl, sie zogen sogar noch stärker, und mein Chef lächelte dazu. Aber eines Morgens beim Melken, noch fast im Halbschlaf, kam ich sofort zu mir, als ein mit Milch schwappender Eimer über meinen Kopf flog und an der Wand mit furchtbarem Krachen zerschellte. Es war einen Moment still. Dann sah ich meinen Bauern sich mühsam aus dem Mist erheben, nach allen Seiten Dreck spritzend. Er fand einen seiner Holzschuhe, nahm ihn und schlug damit der Kuh auf den Hintern, indem er einen Satz von etwa 3 Minuten Länge hinzufügte. Da hätte sogar der am schlimmsten fluchende Däne etwas zu lernen gehabt. Danach sah ich ihn den ganzen Tag nicht mehr.

Was war geschehen? Als er aufstand, um den vollen Milcheimer zu entleeren, hatte die Kuh ihn mit ihrem hinteren Bein aus seiner Hand geschlagen. Er selbst verlor das Gleichgewicht und fiel in die…(Schad' ja nichts, das wird ja wieder abgewischt!)

Wir waren wirklich sehr froh, auf diesem Bauernhof sein zu können, weil das Ehepaar nett zu uns war. Der Winter näherte sich. Er begann früh, sodass wir schon im Oktober einige Male Nachtfrost hatten. Bei der Futter- und Zuckerrübenernte froren wir erbärmlich. Doch über unserm Kopf hing weiter die schwarze Wolke der Judenvertilgung. Man konnte es förmlich fühlen, wie das Verhältnis zwischen Deutschland und Dänemark sich mehr und mehr abkühlte, nicht zuletzt durch die zunehmende Sabotage seitens der dänischen Untergrundbewegung.

Jenni und ich beschlossen auszuprobieren, wie das Leben sich anfühlt, wenn man verheiratet ist. Natürlich waren wir uns einig, keine Todeskandidaten in die Welt zu setzen, um in unseren letzten Minuten nicht noch mehr Qualen zu leiden. So fuhr ich eines Tages nach Ballerup zum Bürgermeisteramt und bat um die Erlaubnis zur Heirat. Ja, das ginge, aber dazu muss man dreimal im Laufe von 3 Wochen eine Annonce in die Tageszeitung setzen, um zu sehen, ob nicht jemand dagegen protestiert. So annoncierten wir in der Balleruper Zeitung und fanden unsern Text zwischen den zwei Annoncen: "Zwei Ferkel zu verkaufen" und "Gesunder Stier steht zur Verfügung". Diese Zeitung haben wir lange aufgehoben!

Jenni und Rudolf in Dänemark

Kurz nach Weihnachten bekam ich Kopfschmerzen, die immer schlimmer wurden. Erkältet waren ja alle Menschen. Das rechnete man nicht als Krankheit. Die Schmerzen wurden aber so stark, dass ich nicht mehr imstande war zu arbeiten. Also musste ich zu einem Arzt radeln, und das war eine Tortur. Der Arzt stellte Stirnhöhlenvereiterung fest. Er erklärte mir, es gäbe nur zwei Möglichkeiten, davon los zu kommen, erstens: Aufmeißeln und den Eiter aussaugen oder zweitens mindestens einen Monat in einem geheizten Raum sitzen und möglichst nicht in Kälte oder Durchzug kommen. Da ich nicht wagte, eine Operation über mich ergehen zu lassen, war ich gezwungen, mich an unser Büro in Kopenhagen zu wenden. Die Angestellten schimpften mich erst einmal aus, dass ich nicht arbeiten und nur nach Kopenhagen will, um jemandem auf der Tasche zu liegen. Also ging ich zurück zum Arzt und bat ihn um eine Bestätigung, was er mir empfohlen hatte. Damit fuhr ich in die Hauptstadt und legte es in unserem Büro auf den Tisch. So waren sie gezwungen, eine Lösung für mich zu finden. Unser Bauer hatte sie auch angerufen und ihnen gesagt, dass ich nicht simuliere. Es täte ihm leid, aber er könne nicht ein Paar einen Monat verköstigen, wenn sie keine Arbeit leisten würden.

Dann fanden sie plötzlich bei einem Junggesellen ein Zimmer mit Zentralheizung für uns in Kopenhagen. Er hatte einmal zu den ersten Fliegern gehört, also ein tapferer Mann, der es wagte, uns beide für einen oder zwei Monate aufzunehmen mit der Garantie unsrer Organisation, dass sie für uns bezahlen würde. Gleichzeitig erhielten wir Gutscheine für ein Mittagessen in einem Haus der jüdischen Gemeinde für arme Leute. So war für den ersten Monat für uns gesorgt. Ich reiste zurück zu Jenni, um unsre Sachen zu packen, die ich dann mit dem Pferdewagen zum Bahnhof brachte und nach Kopenhagen sandte. Das war das Dümmste, was ich nur machen konnte. Denn in meinem naiven Optimismus meinte ich, dass unser großes Gepäck selbstverständlich von unserem Büro ausgelöst werden würde. Sie wussten ja, dass wir ohne Geld waren. Das taten sie aber unter keinen Umständen. "Hast du sie eingeliefert, so hol sie auch raus!" sagten sie zu mir. Ich hatte aber kein Geld. So blieben unsre Sachen auf dem Bahnhof. Der Bahnhofsvorsteher erklärte, dass die Kosten für nicht abgeholte Koffer nach einigen Tagen immer mehr ansteigen. Da ich auf Grund meiner schlimmen Kopfschmerzen nicht imstande war, etwas zu tragen, hatten wir alle Sachen mit der Bahn geschickt und trugen nur bei uns, was wir anhatten.

Wir kamen also in die dänische Hauptstadt in ein richtig schönes Zimmer bei dem tapferen Flieger, der sehr nett zu uns war. Zum Mittagessen gingen wir in das jüdische Haus, wo wir zu unsrer Verwunderung mindestens zweihundert arme Menschen trafen, die dort ihr Mittagessen erhielten. Man durfte so viel essen, wie man wollte und konnte noch Brotscheiben dazu nehmen, soviel man wollte. Das war eine große Freude für uns, denn so hatten wir auch für den Abend etwas zu essen. Dann gingen wir den langen Weg wieder zurück, was natürlich Gift für meinen wohlverpackten Kopf war, der aussah wie bei einem arabischen Ölscheich. Doch der schöne warme Raum wirkte jedes Mal auf mich wie ein Aufenthalt im Paradies. Bald darauf bekamen wir einen Brief von unserm Bauern nachgesandt. Die jüdische Gemeinde teilte uns mit, sie wären auf unsere Heiratsanzeige in der Zeitung aufmerksam geworden.

Sie schlugen uns vor, in der Synagoge zu heiraten statt beim Bürgermeister in Ballerup. Damit waren wir einverstanden. Am nächsten Tag ging ich in das Büro im selben Haus und gab ihnen unsere Zustimmung. Sie versprachen ein Datum mitzuteilen. All unsere Sachen saßen weiter auf dem Bahnhof fest. Ich hatte keinen Pfennig, Cent oder Öre, sie auszulösen und die Kosten erhöhten sich mit jedem Tag. Der Bahnhofsvorsteher schimpfte auf mich und sagte: "Was bist du für ein Mann, der nicht imstande ist, so eine Summe zu verdienen, sei doch nicht so zimperlich!" Es war unmöglich ihm zu erklären, dass ich als Ausländer nicht arbeiten durfte, außer ohne Bezahlung auf einem Bauernhof. Ich zeigte ihm meinen Pass, in dem es schriftlich stand. Ich gab ihm mein Attest. Nichts half. Er erlaubte nicht einmal, etwas aus dem Koffer zu nehmen. "Schäm dich!" sagte er jedes Mal statt Adieu.

Der Winter 1940/41 war ungewöhnlich kalt. Doch das Zimmer mit seiner gleichmäßigen Wärme heilte mich mehr und mehr. Ich wagte mich nun nur mit einer Skimütze auf die Straße. Einmal sprach mich ein junger Mann beim Mittagessen an und fragte mich, ob ich Lust hätte, seinen Job als ,Sykelbud' (Fahrradbote) für einen jüdischen Schlachter zu übernehmen? Das wollte ich wagen und dachte an unsre Koffer auf dem Bahnhof. Ich ging gleich mit ihm und bekam die illegale Stelle, die natürlich sehr schlecht bezahlt wurde. Immerhin gab es Hoffnung, dass ich die inzwischen stark angewachsene Strafsumme einmal bezahlen könnte. Am 9. März 1941 sollten wir schon unsere Ehe schließen. Man kann sich vorstellen, wie unsre Kleidung aussah, obwohl Jenni sie wusch und pflegte, so gut es nur ging. Wir wagten noch einen Besuch beim Bahnhof, um zu unsrer Hochzeit vielleicht doch einen Anzug für mich und ein Kleid für Jenni herausnehmen zu können. Unser ,Freund' wollte zuerst überhaupt nicht mit uns sprechen, als ich ihm unser Geld zeigte. "Deine Rechnung ist bereits auf 125 Kronen gestiegen. Nach dem 1. April werden eure Klamotten versteigert!" Jenni begann zu weinen. Das half wohl etwas bei ihm. Er sagte zu ihr: "Okay, du kannst dir ein Kleid aus deinem Koffer nehmen", und zu mir: "Aber du nicht!" Ich konnte zwar nicht weinen, war aber heilfroh für Jenni, dass wenigstens sie etwas von zu Hause anhaben durfte. Alle ihre Kleider hatten ihre Eltern selbst genäht, doch sie konnten nicht zur Hochzeit ihrer einzigen Tochter kommen...

Beim Nachhausekommen fragte uns unser Hausherr, wie es uns ergangen sei. Als wir berichtet hatten, meinte er, er kenne einen Juden, der einen Laden mit gebrauchter, aber sauberer Kleidung habe. Da könnte ich sicher etwas Geeignetes finden. Er gab mir 10 Kronen und die Adresse. Am nächsten Tag gingen wir vor dem Mittagessen zu diesem Laden. Einige Stufen führten in das Geschäft hinab. Der Mann freute sich sichtlich, Besuch zu erhalten und zeigte mir alle möglichen Anzüge. Alle waren mindestens einen halben Meter zu groß, denn die Durchschnittsgröße der Dänen war schon damals 1,80 m. Langsam wurden wir alle etwas nervös. Da ging der Mann eine Etage höher in sein großes Lager und kam triumphierend wieder mit einem Anzug über dem Arm, von dem ich erst glaubte, es sei ein Pyjama aus einem früheren Jahrhundert. Er hatte schwarze und weiße breite Längsstreifen und ganz schmale Hosenbeine. "Hier habe ich das Richtige gefunden", sagte er. "Der ist sowohl festlich als auch nicht allzu groß!" Das musste ich wohl zugeben, dass er festlich aussah und die Hosen waren nur 40 cm zu lang. "Das mache ich alles passend. Komm nächste Woche zur Anprobe." Nun machte ich ihm klar, dass ich den Anzug am nächsten Tag zur Hochzeit brauchte. Das enttäuschte ihn, aber sein Gesicht hellte sich auf. Er würde sofort mit der Arbeit anfangen und ich sollte am Abend um 10 Uhr wiederkommen. Schnell eilten wir zum Essen. Trotz einstündiger Verspätung bekamen wir noch Essen und Brotscheiben.

Am Abend ging ich allein zum Schneider. Dieser stand vor dem bereits geschlossenen Laden mit dem Pyjama-Anzug über dem Arm und gab ihn mir für die ausgemachte Summe. Auf meine Frage, ob ich ihn nicht anprobieren müsste, meinte er, das sei nicht notwendig. Er habe alles selbst gemacht und kontrolliert und sei jetzt zu müde. Das konnte ich verstehen und ging fröhlich und zufrieden nach Hause. Jenni schlief schon. Also legte ich den Anzug über die Stuhllehne und ging auch schlafen. Wir sollten um 12 Uhr mittags heiraten. So mussten wir auf das Gratis-Essen verzichten, aber unser Büro gab uns als Hochzeitsgeschenk eine Einladung zum Essen in ein Restaurant. Das fanden wir großartig.

An normalen Tagen schliefen wir immer bis 10 Uhr vormittags, um das Frühstück zu sparen, doch an diesem Morgen standen wir schon um 9 Uhr auf, um uns in Ruhe auf die Eheschließung vorzubereiten. Wir begannen uns anzuziehen und zu schmücken. Als ich meinen Anzug nahm, wirkte er irgendwie komisch, aber ich zog ihn an, und ach, das eine Hosenbein endete am Knie. Das andere war weiterhin 40 cm zu lang. Der Mann hatte in seiner Eile dasselbe Hosenbein zweimal ‚beschnitten'! Ich war dem Heulen nahe, aber Jenni fing so an zu lachen, wie ich sie noch nie gehört hatte. Da konnte ich nicht anders, als mit ihr mit zu lachen. Als wir wieder zu uns kamen, bat sie unsren Fliegerwirt sich die Bescherung anzusehen und ihr ein paar Stecknadeln zu geben, um die überflüssigen 40 cm nach innen fest zu stecken. So hatte ich ein langes und ein kurzes Kniehosenbein. Damit war sie aber nicht zufrieden. Sie kürzte das lange um weitere 20 cm. So entstand ein Kompromiss eines dreiviertel Hosenbeins. Jenni nähte es fest, so schnell sie konnte. Dann war es auch schon höchste Zeit, zu unsrer Hochzeit zu gehen. Das wurde ein wahres Spießrutenlaufen, denn alle Menschen drehten sich nach uns um, diesmal nicht nach Jenni.

Die bekannten Kopenhagener Rathausglocken begannen gerade, die 12. Stunde zu läuten, als wir in den überfüllten Raum hineinkamen. Eine Dame am Klavier spielte den Hochzeitsmarsch. Ich konnte spüren, wie alle Leute den Atem anhielten. Wir wurden nach vorn gewinkt und sofort begann die Zeremonie. Wir standen mit dem Rücken zu all den Menschen, worüber ich sehr froh war. Wir kannten ohnehin nur 3 von ihnen, unseren Wirt und die beiden aus unserem Büro. Im Ganzen waren es wohl 50 Personen, welche die jüdische Gemeinde zu unserem Wohl dazu gebeten hatte. Nach der Eheschließungszeremonie kamen alle Leute zu uns und wünschten vor allem Jenni viel Glück, was ich auch gut verstehen konnte. Als Letzter kam ein Mann mit einem kleinen Päckchen, in Zeitungspapier eingepackt. So bekamen wir auch ein Hochzeitsgeschenk und ich bedankte mich herzlich. Als wir es später auspackten, war es die Weste meines Hochzeitsanzuges, die der Schneider in der Eile vergessen hatte mit zu geben. Ja, es gibt noch anständige Menschen!

Die beiden aus unserem Büro nahmen uns mit zu einer Milchbar und wir bekamen ein sehr leichtes Mittagessen statt der reichen Mahlzeit im Armensaal. Danach zogen sich unsre Gastgeber zurück, und wir standen als junges Ehepaar auf der Straße.

Da der Schlachter mir für diesen Tag freigegeben hatte, gingen wir heimwärts. Ich hatte mir schon vorher von unsrer Fleischboten-Ersparnis 26 Kronen eingesteckt, um etwas in der Tasche zu haben an diesem unsrem großen Tage. Während wir so gingen, kam mir dieser Tag doch zu mager vor. Als wir an einem bekannten Restaurant vorbei kamen, schlug ich vor, wir sollten heute einmal verschwenderisch sein und lud meine Frau zu einer Tasse Kaffee ein, was sie mit Freuden annahm. Als wir hineingingen, hatte ich das Gefühl, dass man im Zweifel war, ob dieser so merkwürdig gekleidete Herr einzulassen sei oder nicht. Doch ich gab ihnen ein fröhliches Lächeln und sie wiesen uns an einen von der Eingangstür weit entfernten Tisch. Beim Studieren der Speisekarte fanden wir heraus, dass unser Geld für 2 Tassen Kaffee nicht reichen würde. Wenn ich aber stattdessen ein kleines Bier nähme, hätten wir genau genug, allerdings ohne Trinkgeld. Das war unangenehm, aber nun waren wir schon drin. "Wenn sie damit nicht zufrieden sind, lasse ich ihnen meine Hose hier!" sagte ich zu Jenni. Wir saßen dort ungefähr 2 Stunden bei live Musik mit einem kleinen Rest Kaffee und einem Rest Bier, den Kellnern zum Trotz, die schon wenigstens fünfmal den Tisch abgestaubt hatten! Dann, etwa gegen 7 oder 8 Uhr wurde die Speisekarte ausgetauscht mit wesentlich höheren Preisen. Die Musikanten begannen Tanzmusik zu spielen und wir saßen in der Tinte! Schon beim zweiten Tanz führte ich Jenni zum Tanzboden, nachdem ich meine 26 Kronen auf den Tisch gelegt hatte. Wir tanzten diesen Tanz fast zuende und eilten darauf durch den Ausgang, ohne uns umzusehen, und schnellstens um die nächste Ecke. Als wir zuhause ankamen, lachten wir befreit auf und fanden, wir hatten ja doch einen schönen und spannenden Hochzeitstag. Gleichzeitig versuchten wir beide, nicht an unsre Eltern zu denken!

Am nächsten Tag sprach ich mit dem Schlachter. Um mehr Geld zu verdienen, wollte ich im Geschäft arbeiten, wenn ich keine Lieferung hatte. So durfte ich laufend den Laden und den Kühlraum sauber halten und verdiente fast das Doppelte, sodass ich noch im März meine Koffer auslösen konnte.

Unser Büro glaubte bis zuletzt, dass wir nicht schwer arbeiten und in der Hauptstadt untertauchen wollten. Wir waren aber doch weiterhin vom Gedanken beseelt, in das Land der Juden zu kommen und beim Aufbau mitzuhelfen. In ihrer Angst hatte unser Hechaluz-Büro für uns einen Arbeitsplatz auf einer Obstplantage mit Gärtnerei beschafft worüber wir uns zu ihrer Verwunderung sehr freuten und ihnen dankten. Diese neue Stelle lag weit von der Hauptstadt entfernt nahe Frederikssund, aber das war uns total gleichgültig. Erleichtert boten sie uns von sich aus an, den Transport unsrer Koffer zu bezahlen, was uns sehr gefiel. Am 1. April 1941 kamen wir zu unserm vierten Arbeitsplatz. Es handelte sich um einen modernisierten alten Bauernhof. Wir bekamen ein schönes großes Zimmer mit eigener Toilette und Badezimmer. Kurz nach unsrer Ankunft nahm die Frau des Hauses Jenni zur Seite und führte sie zur Toilette, um ihr zu zeigen, wie dieses WC zu benutzen sei und wie man es sauber halten müsse. Die Dame atmete erleichtert auf, als sie erfuhr, dass wir beide seit unsrer Geburt diese wunderbare Einrichtung kannten, benutzen und sauber halten konnten.

Auf der Arbeit pflückten wir Himbeeren, Brombeeren oder Stachelbeeren. Dann nahm der Chef uns in seine Einkochfabrik und wir füllten viele Konservendosen mit Kompott, Erbsen, Mohrrüben und vielem mehr. Nach einigen Wochen erfuhren wir, dass unser Arbeitgeber als Nazi bekannt war. Aber Jenni und ich wurden in keiner Weise schlechter behandelt als die anderen. Manchmal fanden wir sogar, dass er mehr Vertrauen zu uns hatte als zu den dänischen Angestellten. Die Arbeit machte uns richtig Spaß. Später musste ich eine Apfelpresse bedienen. Alles war so gut und schön. Das konnte darum nicht so weiter gehen. Das war unsre bisherige Lebenserfahrung.

Auch wenn ich die politische Situation nicht immer erwähne, so erwarteten wir stündlich, täglich oder wöchentlich d e n schwarzen Tag, an dem man uns auf einen Lastwagen werfen und "um die Ecke" bringen würde. Seit der Besetzung Dänemarks 1940 bauten die Dänen eine Widerstandsbewegung auf, die der Wehrmacht immer mehr Schaden zufügte, sodass sie gezwungen war, eine relativ große Streitmacht zur Bekämpfung bereit zu halten. Daher sandten sie müde und abgekämpfte Soldaten von der Ostfront zum Ausruhen nach Dänemark. Für die Soldaten war dieser Dienst wie der Aufenthalt in einem Sanatorium. Dies erfuhren wir von unserm Freund Bubi Seelig, einem Nachbarn von Jennis Eltern aus Berlin, der mit andern deutschen Soldaten auf diese Weise nach Dänemark kam. Er war in unserm Alter. Sein Vater war Jude, aber seine Mutter war evangelisch und konnte beweisen, dass Bubi evangelisch erzogen war. Daraufhin ‚durfte' er 3 Jahre Arbeitsdienst leisten statt 1 Jahr wie die ‚Normalen'. Als Strafe für seines Vaters falsche Abstammung war er aber nur w ü r d i g, 1 Jahr im deutschen Militär zu kämpfen! Viele rein arische deutsche Soldaten hätten gerne mit ihm getauscht und wären am Leben geblieben! Er hatte von Jennis Eltern unsre Adresse erhalten. Wir hatten ein geheimes Treffen vereinbart, denn er durfte nur in Uniform gehen. Auch wir mussten uns vor der dänischen Seite in Acht nehmen, mit einem deutschen Soldaten gesehen zu werden. Aber wir konnten es durchführen und trafen uns.

Er erzählte uns von Jennis Eltern. Ihre Lebensbedingungen wären katastrophal, aber auch nicht s o viel schlimmer als die der anderen Deutschen. Wir waren einig darüber, dass uns eine streichelnde Hand der Eltern, gute wohlmeinende Worte, ja sogar veraltete Meinungen sehr gut getan hätten, die wir nun entbehren mussten. Bubi Seelig haben wir nur ein einziges Mal getroffen.

Die Stadt Frederikssund lag in einer schönen Landschaft. Uns gefiel die Gegend sehr gut . Wir kundschafteten sie an einigen Sonntagen mit geborgten Fahrrädern aus. Als die Fruchtplantage aufgegeben wurde, half uns unser Chef, einen neuen Platz zu finden und gab uns ein gutes Zeugnis. In einer Fachzeitschrift fand er eine Annonce. So fuhren wir zu einer Großgärtnerei in Bröndbystrand in der Nähe von Kopenhagen, um uns vor zu stellen. Herr Galsgaard war nur ein wenig größer als ich, aber er wirkte wie ein freier frischer Däne. Als er erfuhr, unter welchen Bedingungen wir verpflichtet waren zu arbeiten, lehnte er das sofort ab. Er wäre nicht bereit, Leute bei sich arbeiten zu lassen, die nicht richtig dafür bezahlt würden. Andererseits wollte er nur Leute anstellen, die motiviert sind, vollen Einsatz zu leisten. Er fragte, wer denn diesen Blödsinn bestimmt hätte? "Die Staatspolizei und die Fachvereinigung", klärte ich ihn auf. "Es wird mir ein Vergnügen sein, diese beiden Institutionen anzulügen! Ihr bekommt vollen Lohn und werdet behandelt wie alle anderen. Wenn ihr gute Arbeit leistet, werdet ihr auch im Winter bei mir weiter arbeiten dürfen." Damit bekamen wir einen neuen Arbeitsplatz und sogar den besten von allen! Vis-a-vis der Gärtnerei auf der anderen Straßenseite war eine Bäckerei, genau passend für unseren Appetit und Freude über diese gute Arbeitsstelle. Wir kauften uns 2 Stück Kuchen, 2 Saftevand (Saftwasser). Dem Bäcker, der uns im Geschäft Gesellschaft leistete erzählten wir von unsrem Glück, eine prima Arbeit gefunden zu haben. "Jetzt müssen wir nur noch eine Wohnung suchen." "Gar nicht notwendig", sagte er, "die habe ich für euch in meinem anderen Haus 200 Meter von hier." Wir fanden eine Einzimmerwohnung mit Küche und WC im Keller. Das Zimmer war für unsre Begriffe riesengroß und verlangte nach Möbeln, die wir uns anschaffen müssten. Wir hatten schon lange finanziell ein Leben geführt, in dem wir bei jeder kleinsten Ausgabe verzichten mussten, weil wir immer wesentlich weniger Geld zur Verfügung hatten als alle andren Menschen rundherum. Darum erinnere ich mich so gut an den Bäckerladen, wo wir richtig leichtsinnig waren.

Arbeitsmäßig hatten wir keine Probleme. Es gab aber viele neue Arbeitsmethoden zu lernen. Wir hatten große Treibhäuser zu versorgen, deren Wärme wir im März und April sehr genießen konnten. Unser Bäckermeister half uns, wo er nur konnte. Ich erhielt von ihm alte Bretter, die er sowieso nicht gebrachen konnte, wie er sagte. Ich baute einen Tisch. Dann luden wir den Bäcker zu uns ein. 2 Stühle hatten wir alt gekauft. Unser Gast versprach einen Klappstuhl mitzubringen. So wurde der Tisch eingeweiht. Natürlich wollte unser Gast vieles wissen, auch über Deutschland. Wir versuchten ihm verständlich zu machen, unter welchen Umständen Juden dort leben mussten und wie Jennis Eltern zu dieser Zeit noch lebten. Da regte er sich so auf, dass er mit der Faust auf den Tisch schlug, worauf mein stolzes Werk jämmerlich zusammenbrach samt zwei von den Tassen. Wir fanden das spaßig und lachten lauthals. Am nächsten Tag kam er mit einem richtigen kleinen Tisch, 2 weiteren Stühlen und 4 Tassen. Er entschuldigte sich damit, dass seine Frau auch gerne einmal mitkommen möchte. So hatten wir bereits gute Freunde in Bröndbystrand.

Als nach und nach die Nachtfröste verschwanden, konnten wir mit dem Säen auf dem Freiland beginnen und mehr Arbeitskräfte wurden eingestellt. Mit unsren Finanzen machten wir gute Fortschritte. Mit dem Gehalt für Mai kauften wir uns jeder ein altes Fahrrad, damit wir schneller zur Arbeit kommen, morgens etwas länger schlafen und auch ein bisschen die schöne Gegend kennen lernen könnten.

Bei einer solchen Fahrradtour kamen wir bei einem Hundehändler mit vielen Hunden in großen vergitterten Käfigen vorbei. Das mussten wir uns ansehen! Welch einen Radau können doch Hunde machen, vor allem wenn sie in Käfigen leben müssen und alle sich feilbieten: "Nimm mich, ich bin der schönste und beste!" Nur in einem Käfig mit einer dänischen Dogge war es still. Der schwarze Hund mit weißer Brust, weißen Pfoten und Schwanzspitze schnupperte nur. Der Eigentümer sagte:

"Wenn du diesen Hund nehmen willst, bekommst du ihn gratis. Für den brauche ich einen Extrakäfig. Der frisst mir alle andren auf."

Als er das sagte, steckte der Hund seine Nase in Richtung meiner Hand. Plötzlich schlug er ganz wild mit dem Schwanz. Der Mann meinte, das wäre Liebe auf den ersten Blick - und so kamen wir "auf den Hund". Der Mann gab mir noch eine Leine, bedankte sich bei uns und meinte, wir sollten ihm seinen Namen lassen. Chang wäre 1 Jahr alt und wiege 48 Kilo. Wir versicherten ihm, dass er Chang für uns nicht einzupacken brauche. Ich nahm die Leine, setzte mich aufs Rad und das Vieh rannte einfach mit mir los nach dem Motto: "Nur weg von hier!" Mit großer Anstrengung und Diplomatie gelang es mir, Chang in unsre Straße zu dirigieren. Nachdem wir fünfmal in großer Runde an unserm Haus vorbei gerast waren, wurde er doch ein bisschen müde. Da konnte ich ihm sein neues Heim zeigen. Er ging direkt zu den Matratzen, machte langsame Runden über beide und ließ sich dann zufrieden nieder: "Meinen Platz habe ich gefunden." Lagen bisher die Zügel in Jennis liebevollen Händen, wurden Beschlüsse von uns beiden gemeinsam gefasst, mussten wir bald erkennen, dass da jetzt ein Dritter war, der absolut seine eigene Meinung berücksichtigt haben wollte. Es begann gleich am ersten Morgen. Sowie ich angezogen war, kam Chang zu mir, stellte sich auf die Hinterfüße und legte seine Vorderpfoten auf meine Schultern, sodass seine Augen gut 20 cm über meinen Kopf auf mich herunter blickten mit einem gutmütigen Ausdruck, als sagten sie: "Guten Morgen, mein Kleiner!"

Als wir zur Arbeit gehen mussten, war unser Problem, wohin mit Chang? Wir ließen ihn in der Wohnung zurück. Kaum waren wir 20 Meter vom Haus entfernt, als Chang uns stolz und schwanzwedelnd überholte. Das Biest war einfach durch das geschlossene Fenster gesprungen, und zwar ohne jegliche Wunde. Unser Bäcker half wieder, denn wir hatten keine Zeit, lange nachzudenken: Die Arbeit wartete. Also wurde Chang beim Bäcker im Garten angebunden und erhielt so seine Strafe. Auch wir wurden bestraft, mussten wir doch eine große neue Scheibe einsetzen lassen. Die Begrüßung wurde von Chang jeden Morgen wiederholt und zu einem richtigen Ringkampf ausgeweitet, bis einer von uns am Boden lag. Interessanterweise hat er es nie mit Jenni versucht. Zu ihr hat er sich immer anständig benommen. Beim Bäcker im Garten wurde Chang nun immer an eine Pferdeweide-Kette angeschlossen. Er schenkte sie uns, um sicher zu sein, dass wir unseren Hund am Abend noch wiederfanden.

Bei der Arbeit ging so weit alles gut. An den Abenden und sonntags kamen immer mehr meist junge Menschen zu uns zu Besuch. Es waren Arbeitskameraden, Nachbarn, manchmal auch Freunde von früheren Arbeitsstellen, aber auch Chawerim vom Zentrum Roskilde, das sich später total auflöste. Zu diskutieren gab es genug. Hauptthema war natürlich der Krieg und die Situation in Dänemark, die frisch-frech mutige Sabotage der dänischen Untergrundkämpfer, die dem Volk alles in der Zeitung mitteilten und auch viele aktuelle Fotos brachten. Ganz offiziell sang man "Lilli Marlen" mit dänischem Text, bis jemand diesen ins Deutsche übersetzte. Da wurde das Lied in ganz Dänemark streng verboten. Immer mehr Militär- und Polizei-Personen wurden als Strafe für die Sabotageaktionen von der Gestapo verhaftet. Außerdem arretierten die Deutschen einfach Geiseln von der Straße weg. Die wussten überhaupt nicht warum und kamen in akute Lebensgefahr. Die Gestapo sperrte diese Leute in ein großes Shell-Gebäude in Kopenhagen. Es waren bereits sehr viele Geiseln dort. In den unteren Räumen hatten sie ihre Büros mit der berüchtigten Adressensammlung, von wo sie ihre unmenschlichen Gräueltaten ausheckten. Die Geiseln in der obersten Etage sollten für die Gestapo als Schutzschilde gegen Fliegerangriffe dienen. Man drohte auch, die Geiseln umzubringen, falls die Sabotage weiterginge.

Am helllichten Tage bombardierten daraufhin einige englische Tiefflieger das Shellhaus gekonnt nur in den unteren Etagen. Die Freiheitsbewegung war bereits mit allen nur möglichen Transportmitteln bereit und rettete die Geiseln, bevor die wenigen unverletzten Gestapos zu sich kamen. Ganz Dänemark lachte. So etwas geschah fast täglich.

Immer, wenn man sich gerade an einen guten Platz gewöhnt hat, passiert bekanntlich etwas. Diesmal erhielten wir von unserm Hechaluz-Büro die Mitteilung, dass die dänische Staatspolizei es für besser halte, keine jüdischen Landarbeiter im Gebiet von Kopenhagen zu haben. Wenige Tage vor dieser Nachricht hatte Herr Galsgaard uns mitgeteilt, dass wir im Winter weiter bei ihm arbeiten dürften. Das war für uns eine hohe Anerkennung. Finanziell hatten wir begonnen, uns zu erholen, auch wenn wir ein fressendes Kapital namens Chang hatten.

Als wir im Oktober noch immer in Bröndbystrand waren, fand unser Büro einen neuen Platz für uns auf der Insel Mön. Es war ihnen so wichtig, dass sie über unsre Köpfe hinweg verabredeten, wann wir uns bei dem Bauer vorstellen kommen. Dort auf der Insel waren wir nicht wenig überrascht und beeindruckt von der Größe des neuen Bauernhofes. Das Wohnhaus des Großbauern, den man auf dänisch Proprietär nennt, und auch die Ställe, die allein über 200 Jerseykühe beherbergten, ganz zu schweigen von den anderen Tieren wie Pferde, Schweine, Hühner u.s.w., waren riesig.

Wir gingen durch die Einfahrt zum Eingang des Hauses, wurden von einer Hausangestellten empfangen und in das Büro des Hausherrn geführt, wo wir warten sollten. Werner Henriques sagte uns im Lauf der Unterredung, dass auch er Jude sei, aber seit vielen Generationen in Dänemark ansässig, und sich ganz als Däne fühle. (Das kam uns sehr bekannt vor...) Beim Thema unsrer Anstellung gab es nur ein ‚kleines' Problem: Wo sollte er uns unterbringen? Er habe zwar 3 Arbeiterhäuschen, aber die wären besetzt. Das 4. Häuschen sei baufällig und in einem so schlechten Zustand, dass er es niemandem anbieten könne. Es gelang uns, ihn zu überreden, uns das Haus zu zeigen. Also machten wir einen kleinen Ausflug mit unserm Big Boss als Guide. Nach etwa 10 Minuten kamen wir zu einem riesigen Feld. Direkt am Waldrand war ein kleines Häuschen mit 2 Zimmern und Küche, zwar sehr alt, aber für uns märchenhaft schön. Dazu gehörte ein großer eingezäunter Garten. Wir hatten mächtig Mühe, unsern neuen Chef zu überreden, uns dort wohnen zu lassen. Schließlich gelang es uns doch. Wir fragten ihn, ob wir unser Hündchen mitbringen dürften, was er bejahte. Da fiel uns ein dicker Stein vom Herzen.

Zufrieden fuhren wir zurück, um unsre Sachen nebst Hund für den Transport vor zu bereiten. Wieder einmal Abschied von Freunden und Nachbarn. Als wir mit unserm gemieteten Lastwagen ankamen, brauchten wir einen Lotsen, der uns über alle möglichen Feldwege zum Waldhäuschen bringen musste. Das war Axel Bentzen, mein Arbeitskamerad. Wir waren Freunde auf den ersten Blick. Die Möbel bestanden aus 2 Eisenbetten mit Matratzen, selbst gebauter Kommode und Schrank, dazu ein Tisch und 4 Stühle. Auch der Musikständer war selbst gebaut. Auf ihm standen unser Akkordeon, Geige und Grammofon nebst Platten. Dazu gehörten unsre Aussteuerkisten und die Koffer. All diese unsre Habe konnten wir in dem einen Zimmer unterbringen, damit es einigermaßen möbliert aussah. Das andre blieb leer. Wir fanden, dass Chang es für die Nacht benutzen sollte. Es war ein paradiesischer Platz für unsern Hund: der große Garten und daneben der Wald. Leider durfte er nur an der Leine spazieren gehen. Es wurde daher sehr bald für mich zur Gewohnheit, dass ich nach der Arbeit mit Chang eine längere Tour durch den Wald machte. Nun war ich wieder auf Bretter- und Kistensuche, um Kaninchen- und Hühnerstall zu bauen.

Mit unserm Arbeitgeber hatten wir ausgemacht, dass wir uns selbst verköstigen und dass er uns jeden Monat das von der Fachvereinigung festgesetzte Kostgeld auszahlt. Jenni sollte das Häuschen in Ordnung halten, für uns beide kochen und nur bei Bedarf, wie z.B. beim Rübenhacken und ähnlichen Saisonarbeiten, in der Landwirtschaft mithelfen. Auf diese Weise hatte sie viel mehr Zeit für unsre eigenen Angelegenheiten und hatte es zum ersten Mal etwas leichter. Die beiden andern Lehrlinge, Axel B. und Ib Jacobsen wurden schnell gute Freunde. Fast jeden Abend kamen sie nach dem Essen zu uns ins Waldhäuschen. Auch viele Sonntage waren sie bei uns. Wir hatten viele gute Diskussionen, und wenn man auf uns gehört hätte, wäre die Welt so schön geworden, dass es eine reine Freude gewesen wäre, darin zu leben!

Die Arbeit war sehr schwer. Bei der Zuckerrübenernte wurden wir vom Morgen bis zum Abend von den eiskalten wassertriefenden Rübenblättern durchnässt. Durch das hohe Arbeitstempo war man gezwungen so schnell zu arbeiten, dass ich diesmal nicht krank wurde. Dann kam der Winter. Auch in dieser Zeit hielt uns die Arbeit warm.

Es war fast unbegreiflich, aber die Zeit, in der Hitler uns noch leben ließ, dauerte an. Allerdings wurden alle Versuche, uns Juden einzusperren, von den Dänen verhindert. Auch die Kriegssituation, vor allem an der Nordfront, wurde immer härter, sodass Hitler eindeutig Anderes zu bedenken hatte. Als die Deutschen bis nach Stalingrad gekommen waren, war Schluss mit ihrem Kriegsglück. Nach schweren Kämpfen mussten sie sich zurückziehen, erst langsam, dann immer schneller und schließlich im Galopp.

Für uns im Skovhus (Waldhaus) war das ein Hoffnungsschimmer. An den Abenden, die wir mit unsren Freunden verbrachten, fragten sie uns mehrmals, wie es sein kann, dass wir nach fast zwei Jahren Ehe noch kinderlos waren. Ich erklärte ihnen, dass wir es uns als Juden nicht erlauben könnten, für Hitlers Gestapo noch mehr Mordobjekte in die Welt zu setzen. Das leuchtete ihnen ein. Nach weiteren Wochen brach eine Revolution in Italien aus, die mit der Ermordung von Hitlers Kumpan Benito Mussolini endete.

Da bekamen wir das Gefühl, wir hätten die schlimmste Gefahr überstanden und meinten, dass wir vielleicht doch Überlebenschancen hätten.

Vor allem Jenni, aber auch unsre Freunde halfen uns, unsern großen Garten zu besäen und zu bepflanzen, sodass wir weder Gemüse noch Kartoffeln zu kaufen brauchten, sobald diese bei uns zu ernten waren. Besonders als unsre Erdbeeren reif wurden, die wir mit der fetten Milch oder Schlagsahne unsrer Jerseykühe genossen, hatten wir das Empfinden, im Schlaraffenland zu leben. Unsre Hühner und Kaninchen hatten jedes seinen Namen. Die haben wir natürlich nicht essen können, doch die Eier halfen uns.

Vorm Waldhaus, von rechts: Rudolf und Jenni mit Hund, Freunde Axel und Ib

Auch Chang hatte ein gutes Leben. In den vergangenen Jahren, als niemand im Waldhaus wohnte, hatten sich einige Leute aus der Umgebung angewöhnt, durch den Garten ihren Weg abzukürzen, was Chang und auch wir nicht gut leiden konnten. Das erledigte Chang sehr schnell. Eines Tages, als Jenni und ich auf dem Feld beim Rübenhacken waren, kam ganz aufgeregt Herr Nielsen angeritten: Ich solle sofort zu mir nach Hause laufen und den Verwalter befreien, den unser Hund dabei sei aufzufressen! Als ich außer Atem bei uns ankam, stand der Verwalter mitten in unserm Garten. Chang wartete mit seiner Schnauze 10 cm neben dem bereits blutenden Bein des Verwalters und war bereit, bei der kleinsten Bewegung wieder zuzupacken, und das bereits seit 2 Stunden. Als ich den Mann von Chang befreite, ging er ohne ein Wort nach

Hause, wohl wissend, dass er da nichts zu suchen hatte. Chang wurde von mir gelobt und bekam von mir etwas sehr Gutes zu fressen.

Unser schönes Leben wirkte auf uns irgendwie beängstigend. Wir bekamen öfter Besuch von alten Freunden wie dem Bäcker aus Bröndbystrand und sogar einer jüdischen Familie aus Kopenhagen. Natürlich hatten wir einige neue Nachbarn, mit denen wir uns sehr anfreundeten, wie die Familie Dahl, die besonders nett zu uns waren. Ihre beiden Kinder spielten oft in unserm Wald und hatten sich dort mit Hilfe von Erwachsenen eine stabile Höhle gebaut. Wir sahen uns oft, wenn ich am Abend mit Chang durch den Wald ging. Eines Abends verrieten Jenni und ich unsern Freunden Axel und Ib, dass wir nun doch ein Kind erwarteten. Das gab ein Freudengeschrei bei den beiden. Spaßhaft nannten sie das zu erwartende Kind ‚Benito' oder ‚Benedikte'.

Irgendwann erreichte uns ein zerknautschter Brief aus Deutschland ohne Unterschrift, im März 1943 an die Adresse unsres ersten Bauernhofes abgesandt, mit dem Inhalt, dass Jennis Eltern eine lange Reise nach dem Osten antreten mussten. Das war alles..

Schweden

Die Lage in Dänemark mit der deutschen Besatzungsmacht hatte sich noch mehr verschärft, da die dänische Freiheitsbewegung ihre Sabotage weiter ausbaute und infolge dessen die Wehrmacht vermehrt dänische Militärpersonen und Polizeibeamte inhaftierte und in verschiedene Konzentrationslager schickte.

Und dann kam der schwarze Tag!!

Am 2. Oktober 1943 um 2 Uhr nachts klopfte jemand an unsre Tür. Es war die jüngste Tochter der Familie Henriques, meines Chefs, die uns ganz aufgeregt berichtete, die dänische Polizei der Stadt Stege hätte ihre Eltern benachrichtigt und gewarnt, dass die Gestapo in dieser Nacht angefangen habe, Juden zu verhaften, und zwar nach ihren Hausadressen. Die Polizei bat speziell, uns (Jenni und mich) zu verständigen und empfahlen, uns sofort zu verstecken! Damit verließ sie uns. Wir zogen uns sofort an, legten Chang an seine lange Kette, gaben ihm und den anderen Tieren reichlich Futter und setzten uns auf unsre Fahrräder. Das Ganze dauerte vielleicht 20 Minuten. In derselben Zeit hatten wir beschlossen, zu einem unsrer Hilfsarbeiter, der ein älterer Junggeselle und außerdem Fischer war, zu radeln. Er wohnte in einem Fischerdorf. Wir brauchten ungefähr eine halbe Stunde, um zu seinem Dorf zu gelangen.

Während der Fahrt besprachen wir uns, dass wir uns an einer windgeschützten Stelle hinstellen und warten wollten, bis es hell wird. Da wir nicht wussten, wo er wohnte, wollten wir dann jemand fragen. Wir kannten das Dorf überhaupt nicht. Als wir uns den ersten Häusern näherten, entdeckten wir Licht im Fenster einer Scheune. Wie man so neugierig ist, fuhren wir vom Licht angezogen dorthin. Wir lugten durchs Fenster - und sahen unsern Hilfsarbeiter, der an einem Ofen etwas in einer großen Pfanne brutzelte.

Ist das nicht fantastisch?

Wir klopften an und er öffnete uns die Tür und lud uns zu einem Aal-Nachtessen ein. Ob man mir glaubt oder nicht, es war der beste Aal-Braten, den ich in meinem ganzen Leben gegessen habe! Wir hatten den Eindruck, dass er gar nicht erstaunt war, uns zu dieser nachtschlafenden Zeit einzulassen. Wir erzählten ihm natürlich, warum wir kamen. Er hatte überhaupt nichts dagegen, uns bei sich zu verstecken. Nach dem guten Aal-Schmaus mit Bier machte er mit unsrer Hilfe in der Scheune ein Nachtlager für uns zurecht. Dazu holte er von der anderen Seite der Scheune 2 Matratzen und legte sie auf einige leere Bierkisten. So einfach kann es sein!

Als wir um 7 Uhr die Nachrichten im Radio einschalteten, hörten wir eine Mitteilung der Besatzungsmacht auf dänisch: "Die deutsche Wehrmacht teilt dem dänischen Volk mit, dass in den nächsten Tagen all eure Väter, Männer und Söhne, die wir unter Sabotageverdacht verhaften mussten, wieder zu euch nach Hause kommen werden. Wir wissen nämlich heute, wer die Sabotage organisiert und durchführt: Es sind die Juden in Dänemark! Daher müssen wir diese jetzt anstelle eurer Lieben verhaften. Wir machen darauf aufmerksam, dass jeder, der einem Juden hilft und sei es nur, um ihm ein Stück Brot zu geben, standrechtlich erschossen wird." Das war eine schlimme Nachricht für uns, aber auch für unseren Beschützer! Wir merkten es auch bald unserem Gastgeber an und konnten ihn gut verstehen. Unser Gewissen sagte uns, dass wir ihn von uns befreien müssten, je schneller desto besser. Aber wohin?

Plötzlich musste ich an die Erdhöhle der Kinder denken. Da waren wir doch bei niemandem, den man dafür bestrafen könnte. Jenni und ich besprachen diese Idee. So beschlossen wir, zurück zum Waldhäuschen zu fahren, zu Dahls zu gehen und sie zu fragen, ob wir die Erdhöhle als Versteck benutzen dürften. Das aber bedeutete, dass wir damit auch Dahls in Gefahr brachten. Trotz langem Überlegen fiel uns nichts Besseres ein. Für unseren Gastgeber war es eine spürbare Erleichterung, als wir abfuhren. Von einer Anhöhe aus beobachteten wir in Deckung unseren Garten und den Eingang unsres Hauses. Chang war ganz ruhig. Wir fuhren heim, sorgten für neues Tierfutter und gingen vorsichtig zu Fuß durch den Wald zu Dahls. Heimlich gingen wir direkt in ihre Wohnung. Frau Dahl rief sofort ihren Mann dazu und schloss die Eingangstür ab. Ich fragte, ob wir uns in der Erdhöhle ihrer Kinder verstecken dürften. Sie boten uns an, lieber bei ihnen selbst zu bleiben. Doch wir erklärten ihnen, dass man uns bestimmt zuerst bei unsern nächsten Nachbarn suchen würde. Das wäre lebensgefährlich für sie. Da gaben sie uns ihr Einverständnis, in der Höhle zu bleiben. Die praktische Frau Dahl versprach uns darüber hinaus, jeden Tag bei Dunkelheit mit Essen sowie den letzten Nachrichten zu uns zu kommen. Außerdem sandten sie ihre beiden Kinder zu den Großeltern, damit diese uns nicht verraten oder womöglich zu der Höhle kommen könnten. Das waren Menschen, auf die man sich verlassen konnte!

Da wir nicht wussten, wann die Gestapo uns suchen kommen würde, waren wir während dieser Unterhaltung sehr nervös. Darum beeilten wir uns, in unser neues Versteck zu kommen. Die Höhle lag an der Waldseite der Gärtnerei, etwa 10 Meter im Wald. Der Eingang war in einem Graben in 1 ½ m Tiefe, breit genug, um hinein zu kriechen. Hohes Gras und Unkraut verdeckten ihn. Innen konnte man sich fast aufrichten und sah einen Raum von fast 2 Meter Länge. Zur linken Seite war die Erde 60 cm breit entfernt, also fast wie eine Bank oder ein Bett. Das reichte für uns schlanke Personen.

Die Abdeckung der Höhle bestand aus einer Lage Reisig, einer Lage Stroh und einer Lage abgestochener Erde mit hohem Gras, sodass man die 2 kleinen Fenster, die der Höhle am Tage doch etwas Licht gaben, von außen nicht sehen konnte. Wir legten uns erst einmal nebeneinander auf die ‚Bettbank', um unsre Nerven irgendwie zu beruhigen. Wir versuchten herauszufinden, wie wir unsre Lage hätten verbessern können und hofften nur, dass Dahls nicht unsertwegen in Unannehmlichkeiten kommen würden.

Es war immer noch der 2. Oktober, an dessen zweiter Stunde wir von der Tochter unsres Chefs geweckt und gewarnt worden waren. Es kam uns ungeheuer lange vor. Wie Vieles haben wir an diesem Tag in Gedanken durchgemacht!

Als das Ehepaar Dahl am Abend mit einem Korb voll Essen zu uns in die Höhle kam und auch einige Decken mitbrachte, waren wir schon 20 Stunden in Bewegung. Lange hatten wir nichts gegessen, aber das merkten wir erst, als wir das leckere Essen von Dahls bekamen. Die neuesten Nachrichten waren, dass die Familie Henriques den Hof verlassen hatte und niemand wusste wohin. Immerhin hatte mein Chef daran gedacht, uns den Monat September zu bezahlen. Er hatte Axel gebeten, mir dies Geld zu überbringen. Als unser Freund uns zuhause nicht antraf, ging er zu Dahls und sagte ihnen, dass er Geld für uns hätte, falls er uns treffen könnte. Er hatte sich aufgeregt über die genaue Abrechnung, statt einige tausend Kronen hinzuzufügen, da es doch darum ginge, das Leben zu retten, um nach Schweden zu flüchten, und das kostete schließlich Geld. Er als reicher Gutsbesitzer und Jude hätte daran denken müssen, da er sich in derselben Lage befand. Etwas recht hatte Axel schon! Später erfuhr ich, dass Axel noch am selben Tag seinen Vormund bat, alle seine Ersparnisse von der Bank abzuheben und ihm zu schicken. Er legte es zu dem Geld vom Chef und übergab es uns einige Tage später durch Dahls. So hatten wir einen Reichtum von 358 Kronen.

Die erste Nacht in der Höhle schliefen wir etwas unruhig. Der Wald hatte seine für uns ungewohnten Geräusche. Die Decken waren nicht warm genug. Die Matratzen fehlten. Da mussten wir etwas ändern. Allerdings wollten wir die Höhle nicht verlassen, um nicht gesehen zu werden, denn das wäre eine Gefahr für Dahls. Sie wollten Chang und die andren Tiere füttern gehen.

Als Dahls am nächsten Abend mit Essen kamen, gab es keine anderen Nachrichten, als dass die Deutschen enttäuscht waren, weil die dänische Bevölkerung ihnen für die Freilassung ihrer ,Väter, Männer und Söhne' nicht um den Hals gefallen ist. Sie fühlten sich vermutlich durchschaut. Außerdem sprach man über Razzien in jüdischen Wohnungen, deren Eigentümer ,leider' nicht anzutreffen waren. In der folgenden Nacht waren wir sehr unruhig, denn es regnete und gewitterte heftig. Bei jedem Blitz dachten wir, jetzt gilt es uns. Wir konnten uns nicht richtig warm halten, aber nass wurden wir nicht, die Höhle war gut abgedichtet. Als vormittags der Regen aufhörte und die Sonne schien, hatten wir besseres Licht. Am Nachmittag hörten wir plötzlich von draußen Kinderstimmen. Nach einer kleinen Beratung vor der Höhle merkten wir, wie jemand durch das Loch kriechen wollte. Das musste ich unter allen Umständen verhindern. So knurrte ich möglichst grimmig wie ein hundeähnliches Tier. Da verschwanden sie mit einem kurzen Schrei und kamen nicht wieder. Doch mir war vor Schreck so heiß geworden, dass mir der Schweiß in Strömen lief.

Bei Dunkelheit kamen unsre treuen Nachbarn mit Neuigkeiten: Aus Stege hatte "Falk" angerufen und Dahls gefragt, ob sie wüssten, wo wir waren. Sie wollten uns helfen, nach Schweden zu kommen. "Falk" ist bekanntlich bis heute eine private Organisation mit vielen Zweigstellen in ganz Dänemark, die alle Arten von Hilfs- und Rettungsaktionen im Land durchführt wie Feuerlöschen, Krankentransporte, Pannenhilfe usw. Es funktioniert in Form einer Versicherung.

Mein erster Gedanke war: "Das kann nur die Gestapo gewesen sein, denn wer würde es wagen, heute noch herum zu telefonieren und jeden zu fragen, ob er Juden kennt, denen er helfen möchte, um dann dafür standrechtlich erschossen zu werden?!" Emil Dahl gab mir recht. Er hatte denselben Gedanken gehabt und deswegen geantwortet, er wüsste nicht, wo wir waren, versprach aber, es ihnen mitzuteilen, sobald er es erfahren würde. Das war sehr klug. Wir berieten uns lange. Schließlich sagte Jenni: "Rudi, es sieht zwar so aus, wie du meinst. Aber auf der anderen Seite wäre dies die einzige Chance, die wir haben, um von hier wegzukommen, denn Dahls Sicherheit ist in Gefahr. Die Frage ist, wie lange können wir es noch in der Höhle aushalten?" Da hatte sie natürlich auch recht! Wir beschlossen also unser Glück bzw. unser Leben aufs Spiel zu setzen: Emil solle sie gleich zurückrufen und sagen, er wisse jetzt, wo wir sind. Er ging in sein Haus zurück, während Frau Dahl bei uns blieb und unsre Spannung teilte. Es dauerte sehr lange, bis er wiederkam und berichtete, der Falkmann sei sehr zufrieden gewesen, dass er uns gefunden hatte. Er verlangte von mir, am nächsten Morgen um 8 Uhr mit dem Fahrrad in der Falkstation in Stege zu sein, während Jenni bleiben sollte, wo sie war. Sie solle wissen, dass ich erst am Abend zurückkomme. Das kam mir alles sehr gewagt vor, aber wer A sagt, muss auch B sagen!

Am 5.10. nahm ich morgens von Jenni Abschied, ging zu unserm Haus, um mein Fahrrad zu holen, umarmte auch Chang und radelte durch den Wald auf die Chaussee Richtung Stege. Nachdem ich 2 km gefahren war, kam mir ein dänisches Polizeiauto entgegen. Na, ist das für mich? dachte ich. Aber es fuhr vorbei. Etwa 100 m hinter mir wendete es, kam zurück und fuhr wieder an mir vorbei. Das wiederholte sich mehrmals, sodass mir klar war, dass ich erkannt war. Nur war mir nicht klar, ob sie Freund oder Feind waren. Während ich radelte, tat ich die ganze Zeit, als ginge es mich überhaupt nichts an. So kam ich zur Falkstation, stellte mein Fahrrad ab und ging ins Büro, von wo man mich sofort durch eine Hintertür in die große Feuerwehrgarage begleitete. Dort wurde ich von einigen Falkleuten freudig begrüßt. Auch traf ich 2 Kameraden vom Hechaluz, die wie ich auf Mön gearbeitet hatten. Irgendwie bedeutete es für mich eine Erleichterung, sie zu sehen. Es gab mir das Gefühl, das Ganze könnte vielleicht gut ausgehen.

Die Falkleute waren in bester Laune, doch ich fragte sie, ob sie denn nicht wüssten, dass die Deutschen jeden erschießen, der einem Juden hilft. "Wenn die Deutschen hierher zu uns kommen sollten, werden wir sie sehr warm empfangen," war die fröhliche Antwort. Gewissheit über meine Situation gab mir die Antwort leider nicht. Also warteten wir 3 Juden ab. Dann kam einer der Falkleute aus dem Büro und forderte uns auf mit zu gehen. Er führte uns in ein Nebengebäude. Dort bekam jeder von uns eine Hacke, Spaten und Schaufel. Wir gingen mit ihm durch Stege zu einer großen Villa, vorbei an vielen Spaziergängern und auch deutschen Soldaten. Durch das Eisentor folgten wir ihm in den Garten zur Rückseite des Hauses. Da sahen wir einen breiten Kreidestrich auf dem Boden, etwa 10 m lang und 4 m breit. Hier sollten wir graben. Es wäre eine wichtige dringende Aufgabe. Wir 3 Juden aber fanden diese Aufgabe weder dringend noch wichtig, denn wir hatten schon vor langer Zeit gehört, dass die Deutschen Juden zwangen, Massengräber auszuheben. Dann wurden sie an der Kante dieser Gräben erschossen, sodass man das Begraben der Leichen sparte. Wir kamen ohne viele Erklärungen überein, dass wir es absolut nicht eilig hätten mit dem Graben. Ich schäme mich noch heute dafür, denn nach dem Krieg fand ich heraus, dass dort ein Treibhaus gebaut werden sollte, voll mit Blumentöpfen, die an Tischen festgeschraubt waren. Das Treibhaus konnte, so wie es war, mit Fußboden aufgeklappt werden und gab so den Eingang zum Keller frei, den wir anfingen zu graben. Es war ein Waffenarsenal mit einem heimlichen Radiosender der dänischen Untergrundbewegung.

Aufgrund unsrer Angst und dem daraus entstandenen Misstrauen sind wir nicht weit gekommen mit dem Keller. Ungefähr um 5 Uhr nachmittags durften wir mit dem Graben aufhören und gingen wieder zurück zur Falkstation, um unsre Werkzeuge abzuliefern. Wir bekamen Bescheid, am nächsten Tag weiter zu arbeiten und sollten wieder um 8 Uhr zur Stelle sein. Darauf radelte jeder wieder zu seinem Versteck zurück. Diesmal ging die Fahrt viel schneller, denn ich hatte den starken Wind im Rücken. Die Begrüßung mit Jenni fiel sehr herzlich aus. Noch einmal durften wir uns wiedersehen.

Sobald es wieder dunkel war, kamen Dahls mit Essen und Nachrichten. Beides war diesmal sehr wichtig. Ich war vom Graben sehr hungrig, obwohl wir jeder zur Mittagszeit 2 Stullen (Sandwich) erhalten hatten. Die Nachrichten waren das Wichtigste: Die Falkstation hatte wieder angerufen und mitgeteilt, dass wir am nächsten Morgen nicht zur Station kommen sollten, sondern um 7 Uhr früh zu einem Kaufmann in einem Dorf in der Nähe von Stege. Wir sollten beide mit unsern Fahrrädern den kürzesten Weg benutzen und pünktlich dort sein. Es wäre wichtig für uns. Dahls gaben uns einen Wecker, damit wir ja nicht verschliefen. Wir stellten ihn auf 5 Uhr und waren leider allzu sicher, dass dies früh genug wäre.

Wir nahmen Abschied von Dahls und schenkten ihnen alles aus unserm Waldhäuschen. Sie sollten es in Besitz nehmen, ehe die Deutschen kämen. Es gab nämlich schon nichts mehr zu kaufen. Alle Waren aus den Geschäften waren nach Deutschland requiriert worden. Man stellte Kleiderstoffe aus Papier her, um etwas zum Anziehen zu haben. Bei den Bauern fanden sich vielleicht noch alte Säcke, die man für Kleidung umnähte. Aber unsre Koffer waren voll mit guter Kleidung und Bettwäsche. Das war ein Schatz für Dahls. Sie lehnten ab, es zu benutzen und wollten es für uns aufheben. Wir aber sagten ihnen, dass wir, wenn wir wirklich heil nach Schweden kommen und überleben sollten, uns dort Neues anschaffen könnten und wenn nicht, hätten wir sowieso keinen Nutzen mehr von diesen Sachen. Wir baten sie, für Chang einen neuen Eigentümer zu finden und auch die andern Tiere zu nehmen.

Am nächsten Morgen gingen wir nochmals in unser Haus, tauschten unsre Kleider aus, zogen mehrfach übereinander frische Kleidung an, nahmen unsre Fahrräder, fuhren durch den Wald zur Chaussee und fielen beide sofort vom Rad. Der starke Wind vom Vortag hatte sich zu einem so gewaltigen Sturm entwickelt, dass es einfach unmöglich war, dagegen an zu radeln. Wir versuchten immer wieder aufzusteigen, aber es gelang uns nicht, vorwärts zu kommen. So begannen wir, die Fahrräder zu schieben. Das ging so langsam und schwer, dass wir die 12 km nicht bewältigen konnten. Wir waren total verzweifelt, denn wir hatten so etwas noch nie erlebt. Wir würden es nicht rechtzeitig schaffen! Da kam ein kleiner mit Holzkohle betriebener Lastwagen mühsam angefahren und hielt neben uns an. Der Fahrer schrie mir von drinnen zu: "Leg das Fahrrad des Mädchens auf die Zuckerrüben und halte dich hinten am Auto fest!" Es war nur ein Platz neben dem Fahrer. Jenni stieg ein, nachdem ich ihr Rad hinten auf die Zuckerrüben gelegt hatte. Ich hielt mich hinten am Auto fest, genau wie mir der Fahrer empfohlen hatte, was aber gesetzlich verboten war, und ab ging es. Nicht so schnell, wie man es erwartet hätte, denn auch das Autochen musste gegen den Sturm kämpfen.

Ich hatte Angst, dass meine Hände kräftemäßig nicht durchhalten würden, bis wir ankämen. Es war wirklich eine Leistung, zu der man nur imstande ist, wenn es ums Leben geht. Als ich mich so verzweifelt am Auto festhielt, kam mir der Gedanke: Wie kann der Mann mit so einem kleinen Haufen Rüben zur Zuckerfabrik fahren? Das ist doch einfach lächerlich!

Als wir endlich vor dem Kaufladen standen, das Fahrrad abluden und Jenni sich lächelnd bei ihm bedankte, winkte er nur mit der Hand und wünschte uns gute Fahrt.

Jenni erzählte mir, dass sie ihn nach dem Einsteigen fragen wollte, ob er in die Nähe des Ortes käme, wo wir hin sollten. Doch bevor sie etwas sagen konnte, meinte er, sie solle still sein - und er brachte uns direkt zum Kaufmann! Da ging uns ein Licht auf, auch wegen der geringen Menge Zuckerrüben: Er war uns zu Hilfe geschickt worden! Jetzt konnte ich auch das Polizeiauto vom vorigen Tag einordnen. Von da an hatten wir volles Vertrauen zu unsren dänischen Rettern. Wir bewunderten diese Organisation und die dahinter stehenden Menschen, die auch an solche Dinge dachten wie einen Sturm, der einen Zeitplan zunichte machen kann.

Beim Kaufmann wurden wir in die gute Stube geführt. Dort saßen bereits meine 2 Kameraden vom letzten Tag und ein Ehepaar mit 2 kleinen Töchtern. Alle waren wir sehr gespannt, denn keiner wusste, wie es weiter gehen sollte. Uns war klar, dass wir nur flüstern durften, weil die Kunden im Laden uns nicht bemerken sollten. Also warteten wir und erfuhren, dass der Ehemann Jude war, aber nicht die Frau. Sie waren Eigentümer einer Meierei in der Nähe von Stege. Aber sie wollten sich nicht trennen, sondern lieber alles verlassen, um in Schweden zusammen zu leben. Weiter erzählte er, dass die Deutschen in einem Kirchturm eine große Anzahl von Juden gefunden hätten, die sie sofort mit unbekanntem Ziel deportiert hätten. Sie waren von jemandem verraten worden. Es war schon gefährlich, Juden zu helfen! Wir bewunderten die Dänen für ihren Mut. Gleichzeitig musste ich an die Reaktion all unsrer Freunde und Nachbarn denken aus der Zeit der Machtübernahme Hitlers.

Nach schätzungsweise 1 ½ Stunden kam ein großes Auto vorgefahren, das uns abholen sollte. Wir mussten uns sehr quetschen, da neben dem Fahrer schon ein Mann saß. Mein Platz befand sich auf der Bank direkt hinter dem Fahrer. Die beiden Herren vor mir unterhielten sich während der Fahrt über belanglose Dinge. Sobald wir in die Nähe der langen, sehr hohen Brücke kamen, die Mön mit dem Festland verbindet, nahm der Begleiter einen kleinen Koffer, den er zu seinen Füßen hatte und legte ihn auf seine Knie. Während er sich weiter mit dem Fahrer unterhielt, öffnete er den Koffer und setzte ein kleines Maschinengewehr zusammen. Sehr erschrocken fragte ich ihn, warum er das tue. Er antwortete, dass wir gleich über die Brücke fahren müssten, die so steil aufwärts und dann wieder abwärts geht, daher nicht übersichtlich sei und er wolle nicht gern von den Deutschen überrascht werden. Niemals zuvor war ich so nahe an einer Schusswaffe gewesen. Ich erinnere mich, dass mein Herz es sehr eilig hatte, aber umsonst. Es geschah nichts auf dem Wege.

Wir kamen zu einer großen Villa in einem tiefen Wald irgendwo in der Nähe der Ostsee. Unser Begleiter war hier offensichtlich zu Hause. Wir wurden freundlich aufgenommen, bekamen ein gutes Mittagessen und durften uns auf richtigen Betten ausruhen. Man sagte uns, wir wären in einem Kurhaus für Studenten. Fast alle hatten irgendeinen Verband am Bein oder Arm, ob es nun Studenten waren, Untergrundkämpfer oder beides, die angeschossen waren. Gegen Abend erhielten wir ein leichtes Essen serviert und den Bescheid, der Leiter des Hauses wolle nach dem Abendbrot mit jedem von uns sprechen. Wir beide warteten, bis wir gerufen wurden. Der Leiter war ein sehr sympathischer Mann, der etwas humpelte. Er bat uns Platz zu nehmen. Er selbst saß hinter einem Schreibtisch und erklärte uns, dass wir vermutlich am nächsten Abend bei Dunkelheit nach Schweden transportiert werden würden, und zwar durch die dänische Freiheitskämpfer-Organisation. Das würde für uns bedeuten, dass auch wir uns gegenüber dieser lebensgefährlichen Rettungsaktion erkenntlich zeigen müssten durch Bezahlung einer Summe von 3000 Kronen. Diese Gelder gingen nicht in irgendwelche privaten Taschen sondern zur Organisation. Sie wurden in erster Linie dazu benutzt, sowohl die Hinterbliebenen von Freiheitskämpfern, die ihr Leben für die Befreiung des Landes eingesetzt hatten, zu unterstützen, als auch für die Verletzten und nicht zuletzt für alle Sabotageakte, die von ihnen durchgeführt wurden. Diese verschlangen so viel Gelder, dass sie leider nicht alles ausführen konnten, was notwendig gewesen wäre.

"Auf diese Weise helfen wir uns gegenseitig", sagte er zum Schluss. Daraufhin gab ich ihm unsre Pässe und bat ihn zu lesen, unter welchen Bedingungen wir diese 4 Jahre gelebt hatten und erklärte ihm, dass wir die 358 Kronen nur mit Hilfe eines Kollegen zusammengelegt hatten, der alle seine Ersparnisse zu unserm ‚Kapital' dazu getan hatte. Darauf sagte er lächelnd: "Wenn ihr die 3000 Kronen nicht habt, könnt ihr sie nicht bezahlen. Dann muss ich andre zwingen, dies Geld für euch mitzubezahlen. Ihr sollt deswegen nicht leiden."

Wir mussten ihm alle Papiere, die wir bei uns hatten, übergeben, auch die Pässe. Er klärte uns auf, dass wir so vielleicht noch eine Chance hätten, durch irgendeine Lüge davon zu kommen, falls man uns erwischt. Er versprach uns, die Papiere nach Schweden nachzusenden. Damit war die Unterhaltung beendet. Wir gingen mit sehr gemischten Gefühlen in das uns angewiesene Zimmer, wo es richtige Betten mit Matratzen und richtiger Bettwäsche mit warmen Decken gab. Im Paradies kann es nicht schöner gewesen sein! Als wir uns da hineinlegten und unsre Lage überdachten, wurde uns Folgendes klar: Soweit wir die Leidensgeschichte der Juden der letzten 2000 Jahre kannten, war es das erste Mal, dass ‚Gojim' (Nichtjuden) bereit waren, ihr eigenes Leben aufs Spiel zu setzen, um Juden zu retten. Das bedeutete, dass uns die Dänen als gleichberechtigte Menschen ansahen und anerkannten. Das war etwas Kolossales! Es war für mich wie ein kleines Licht in einem langen Tunnel, ein Hoffnungsschimmer auf ein mögliches Gelingen dieses unmöglichen Versuchs. Das wurde eine kurze Nacht durch die lange Diskussion. Wir nahmen uns vor, es den Dänen unser Leben lang nicht zu vergessen, was sie für uns getan haben.

Sobald es am nächsten Tag dunkel würde, würde man versuchen, uns nach Schweden zu bringen. Dieser Tag zog sich sehr lange hin. Wir erhielten gutes, reichliches Essen, was uns gut tat nach unsrer letzten Zeit in der Erdhöhle. Die ‚Studenten' zeigten uns den Keller des Hauses, wo wir eine Radiostation und sehr viele Gewehre und Maschinengewehre bewundern konnten. Natürlich durften wir das Haus nicht verlassen. Nach einem guten Abendessen wünschte uns der Leiter eine gute Überfahrt nach Schweden.

Er gab uns die Anweisung, dass wir bei völliger Dunkelheit dicht hintereinander, aber einzeln aus dem Haus zu gehen hätten und ohne den geringsten Laut dem Anführer folgen müssten. Also gingen wir im Gänsemarsch lautlos durch den Wald. Unebenheiten im Boden konnten wir vom Vordermann dicht vor uns rechtzeitig erkennen.

Nach etwa 10 Minuten kamen wir aus dem Wald heraus direkt ans Meer. Ich meine, es muss ein wunderbarer Badeplatz mit viel Gebüsch gewesen sein. Wir trafen dort einen Mann, der uns flüsternd begrüßte und sich als der Fischer vorstellte, der uns nach Schweden schiffen wollte. Wir sollten uns mit ihm in den Büschen verstecken. Er werde uns zu einer bestimmten Zeit per Ruderboot zu dem draußen im Meer verankerten Schiff bringen. Im Gegensatz zu uns war er die Ruhe selbst. Er flüsterte uns zu, dass er das Schiff nicht kenne, weil seins am Abend vorher in Kopenhagen von der Gestapo geschnappt worden war, gerade als er mit seinen ‚Patienten' an Bord gehen wollte. Sie wurden aber noch im letzten Augenblick von Aufpassern gewarnt und mussten um ihr Leben rennen. Da es dunkel war, haben sie die Schüsse nur gehört und nicht gefühlt. Unser Fischer, dessen Namen wir nicht erfuhren, kontrollierte die ganze Zeit seine Uhr. Nach einer gewissen Zeit ruderte er uns in einem kleinen Ruderboot jeweils zu dritt zum Fischerboot. Unterwegs sagte er, dass Gott uns helfe, indem er den Sturm von der richtigen Seite schicke und daher der Transport relativ leicht ginge. Doch er musste allein dreimal gegen den Sturm wieder zurückrudern.

Als wir alle auf dem Schiff waren, zählten wir mit dem Fischer genau 13 Personen, 4 Frauen und 9 Männer. Die Frauen durften vorn am Bug in einer Kajüte sitzen. So waren sie sicher untergebracht. Arme Jenni, sie war im 3. Monat. Sobald sie sich dort unten hinsetzte, musste sie sich übergeben, denn das Schiff schaukelte stark. Es muss ganz fürchterlich gewesen sein für Jenni, natürlich auch für die anderen Damen. Unser Kapitän lichtete den Anker, startete den Hilfsmotor, zog das vordere Segel auf und unser Boot stach in See.

Unser Steuermann sowie Fischer und Kapitän in einer Person kontrollierte jeden Augenblick seine Uhr. Das fiel mir auf, aber ich glaubte, es wäre eine nervöse Angewohnheit von ihm. Es war mächtig dunkel.

Man sah am Anfang hier und dort irgendein Licht in weiter Ferne. Aber weit draußen sahen wir auch einen langen hellen Streifen quer vor uns, der kräftiger und heller wurde, als wir uns näherten. Unser Schiffer setzte nach Uhrzeitkontrolle den Hilfsmotor aus und wieder an. Der Lichtstreifen wurde immer heller. Als wir schon sehr nahe heran waren, sahen wir, dass die deutsche Flotte eine Lichtsperre gebaut hatte, indem sie in Abständen längs der Küste große Schiffe platziert hatten, deren starke Scheinwerfer sich trafen. Daher konnten sie jede ,Stecknadel' sehen, die da hindurch wollte. Das war für uns ein fürchterlicher Anblick! Was nun? fragten wir unsern Kapitän. Abwarten! war die Antwort mit dem Blick auf die Uhr. Knapp hatte er das ausgesprochen, als es plötzlich total dunkel wurde. Unser Kapitän hatte schon alle Segel drauf - und genau in der Mitte zwischen 2 der deutschen Schiffe setzten wir durch die verdunkelte Sperre hindurch mit der wunderbaren Hilfe des Sturms und des Hilfsmotors, der so schnell arbeitete, dass er nach kurzer Zeit ins Schmelzen geriet und nicht mehr arbeiten konnte.

Unser Retter erklärte uns später, als wir dieses Sperrlicht wieder aufleuchten sahen, dass es mit den Briten verabredet war, zu einer sekundengenauen Zeit Flugzeuge zu senden, damit die Deutschen gezwungen wären, ganz Dänemark zu verdunkeln. Oh! Was für fantastische Menschen! Von rückwärts gesehen, sah diese Lichterkette nun wirklich großartig aus!

Nachdem unser Motor nicht mehr arbeiten konnte, doch der Sturm weiterhin tobte, schaukelte das Boot so wild in alle Richtungen, dass wir alle schwer seekrank wurden. Das einzige, an das ich mich erinnern kann war, dass ich mich an irgendetwas auf Deck festklammerte, um nicht mit den Wellen über Bord gespült zu werden und darauf konzentrierte ich mich. Vorher hatte ich es geschafft, hin und wieder zur Luke zu kommen, um nach Jenni zu sehen, aber das konnte ich nicht mehr riskieren.

Da wir schon von Anfang an in Richtung eines schwedischen Leuchtturms segelten, wurde dieses Licht immer stärker, als wir uns der Küste näherten. Wir waren schon ungefähr 6 Stunden unterwegs, als wir die Lampe des Scheinwerfers sehen konnten. Der einzige, der noch imstande war, etwas für unsre Gemeinschaft zu tun, war unser Kapitän. Er versorgte die Pumpen, um das Wasser, das sich im Schiff mehr und mehr ausbreitete, wieder los zu werden, steuerte das Schiff in die Leuchtturm-Richtung und schrie ab und zu etwas zu uns herüber, was wir aber nicht hören konnten. Für uns galt nur, uns festzuklammern. Die Finsternis war vollkommen, aber das Licht des Leuchtturms war inzwischen schon viel näher gekommen, als unser Boot plötzlich mit großem Krachen zum Stehen kam, halb umkippte und sich nicht mehr rührte. Wir, die wir uns an Deck festgehalten hatten, befanden uns alle im Meer, konnten uns aber doch an der herausragenden Bootskante festklammern. Auch unsre Damen hingen schon dort. Wie sie aus der Luke gekommen waren, weiß ich bis heute nicht, aber sie waren da! Folgendes stellte sich heraus: Unser Boot war auf einen Felsen aufgelaufen, hatte ein großes Leck bekommen und ein Teil des Felsens stak im Boot, sodass es vorläufig festlag und nicht untergehen konnte. Es herrschte weiterhin totale Finsternis. Man konnte seine eigene Hand nicht sehen. Wir hingen alle 13 am Bootsrand, mit den Beinen bis zu den Knien im Wasser. Das Licht des Leuchtturms ging langsam und sicher am Himmel rund. Das Meer tobte so gewaltig, dass wir uns nur durch Schreie notdürftig verständigen konnten.

Es gelang mir doch irgendwie, mich neben Jenni an das Boot zu klammern. Ich versuchte meine Kleider auszuziehen, aber ich schaffte es nicht, denn sie klebten an der Haut fest, weil wir durch und durch nass waren. Einen Schuh konnte ich mit dem anderen Fuß abziehen, aber den anderen konnte ich mit dem bloßen Fuß nicht abbekommen. So dick angezogen, wie wir waren, hätte ich es bestimmt nicht geschafft, an Land zu schwimmen. Da sagte einer, er hätte eine Taschenlampe in der Jackentasche, sei aber nicht imstande sie heraus zu nehmen. Sein Nachbar kam ihm zu Hilfe und sie holten die Lampe aus der Tasche. Ich dachte, bei der Nässe könne die Lampe gar nicht brennen, doch, oh Wunder! Sie brannte. Jemand rief, 3 kurze und 3 lange Blinker plus 3 kurze bedeuten SOS. Das sendeten sie in Richtung Leuchtturm. Nach einer langen, langen Zeit sahen wir unter dem Riesenscheinwerfer einen schwachen stecknadelgroßen Schein, doch deutlich genug für uns, dass man uns entdeckt hatte. Und wieder verging eine lange Zeit. Da hörten wir das Platschen eines Ruderbootes und gleichzeitig die schönste Musik, die ich je zuvor in meinem Leben gehört hatte:

"Herzlich willkommen in Schweden!"

Es waren 2 schwedische Matrosen vom Leuchtturm, die uns alle durch ein Gebiet von vielen Schären mit ihrem Ruderboot an Land brachten. Wir waren gerettet in Schweden!! Am Leuchtturm von Falsterbo.

Als wir an Land kamen, warteten schon einige Leute auf uns. Wir folgten ihnen in die Dunkelheit, vorbei an einigen kleinen Häusern. Ich humpelte mit nur einem Schuh. Plötzlich standen wir in einem riesengroßen Raum, in dem ungefähr 50 Matratzen auf dem Fußboden ausgebreitet waren. An beiden Seiten des Raumes stand je ein rotglühender Eisenofen. Hoch über den Matratzen waren Schnüre gespannt. An diesen hingen schon Kleider von anderen Flüchtlingen. Auch sah ich auf einigen Matratzen Menschen liegen, mit Decken zugedeckt. Wenige Minuten später hingen auch unsre Kleider oben zum Trocknen und wir lagen von Decken gewärmt. Erst da fingen wir an zu spüren, wie steifgefroren wir schon waren. Sobald wir uns hingelegt hatten, bekamen wir heißen Kaffee und etwas zu essen ‚ans Bett' gebracht. Es war überhaupt eine große Anzahl Menschen bereit, uns helfend beizustehen. Alle hatten die ganze Nacht für uns geopfert. Solchen guten Menschen zu danken mit Worten oder Taten ist schier unmöglich!

Es dauerte lange, bis wir eine Körperwärme erreicht hatten, die uns erlaubte einzuschlafen. Irgendwann am Tage erwachte ich und sah, es war noch mehr Besuch da. Ein weiteres Schiff mit Flüchtlingen war irgendwo in der Nähe angekommen und auch diese Menschen lagen und schliefen noch. Außerdem war ein Polizeibeamter angekommen, der bereits die Neuankömmlinge in Schweden vernahm. Auch Jenni war schon aufgewacht. Wir freuten uns jetzt erst einmal richtig über unsre Rettung. Dabei dachten wir zuerst an unsren Kapitän der gerade neben dem Polizisten saß, um als nächster an die Reihe zu kommen. Ich verspürte den Wunsch, mich nochmals richtig zu bedanken für seine Rettungstat, denn ohne ihn wären wir längst im Meer ertrunken. Ich befreite mich von allen Decken und ging, nur mit einer geborgten Unterhose bekleidet, zu unserm Helden und dankte ihm herzlich. Doch er hatte keine Zeit für mich. Er bat den Polizisten, ihn doch endlich abzufertigen. Er müsse schnellstens wieder zurück nach Dänemark, um mehr Menschen zu bringen. Der Beamte lachte ihn aus und sagte: "Du musst dich damit abfinden, dass du jetzt in Schweden bleibst. Außerdem musst du mit mir mitkommen, wenn ich mit den anderen fertig bin." Als wir verhört wurden und alle Daten angegeben hatten, erklärte uns der Beamte, wir als Landarbeitslehrlinge müssten nach Bjärnum-Skola. Dort wäre ein Sammellager speziell für uns eingerichtet worden. Wir bedankten uns und erfuhren, dass wir dorthin transportiert werden würden, sobald er alle Leute abgefertigt hätte. Wunderbar, in Schweden herrscht auch Ordnung! Wir erhielten noch ein gutes Mittagessen und wurden am späten Nachmittag zu fünft zum Flüchtlingslager unsrer zionistischen Organisation in Bjärnum gebracht, wo wir bereits viele von unsern Kameraden vorfanden. Den Rest des Tages und die folgende Nacht waren wir nur im Bett und schliefen.

Am nächsten Tag waren wir beinahe wieder normale Menschen. Jedenfalls kamen wir in kriegerische Stimmung und wollten prüfen, warum unser Hechaluz-Büro in Kopenhagen nichts zu unsrer Rettung beigetragen, ja uns nicht einmal gewarnt habe. Wir hatten nämlich erfahren, dass sie 2 Wochen zuvor eine Warnung von deutscher Seite erhalten hatten.

Jetzt durften wir uns allerdings erst einmal 14 Tage ausruhen. In den nächsten Tagen kamen weitere Flüchtlinge. Insgesamt zählten wir 365 Personen zwischen 18 und 35 Jahren. Während unsrer Erholungszeit hatte man für uns alle Arbeitsplätze gefunden. Jenni und ich erhielten die Adresse eines kleinen Bauernhofes in Fjärlöv. Dort lebte ein älteres Ehepaar. Man hatte ihnen wohl versprochen, meine Frau würde melken, was sie aber gar nicht konnte. So waren wir leider am falschen Platz. Trotzdem wollten wir einen Versuch wagen. Wir blieben noch bis Ende Januar 1944 auf diesem Hof. Jennis Bauch begann sich erheblich zu vergrößern. Da wurde klar, dass sie für die Hausfrau keine Hilfe mehr sein konnte. Als ich die Situation mit meinem Chef besprach, einigten wir uns, dass ich mir eine andere Stelle suche. Jenni bat mich, ich solle doch nicht mehr in der Landwirtschaft arbeiten. In Schweden durften wir jede Art von Arbeit annehmen und würden auch wie alle anderen bezahlt werden. Wir waren zwar Deutsche, Juden, Flüchtlinge aus Dänemark, aber sonst ganz normale Menschen.

Mein Bauer nannte mir eine nahe gelegene kleine Stadt mit einigen Fabriken. Früh am nächsten Morgen nahm ich den einzigen Autobus und fuhr ungefähr 15 km nach Broby. Bei meiner Ankunft war es erst 7 Uhr. Das erschien mir zu früh für einen Besuch in einer Fabrik. Außerdem wusste ich nicht so recht, wie ich es anpacken sollte. Als ich da stand und überlegte, ging meine Hand unwillkürlich an meinen Kopf und in die Haare. Oh weh! dachte ich, ich muss doch aussehen wie ein Struwwelpeter! Heute würde ich mit so einem Haarschmuck den ersten Schönheitspreis gewinnen. Damals beschloss ich, einen Frisör zu suchen, um einen möglichst guten Eindruck zu machen. Ich konnte mich nämlich beim besten Willen nicht erinnern, wann ich das letzte Mal bei einem Frisör war. In derselben Straße fand ich einen und er hatte sogar schon geöffnet.

Er begrüßte mich trotz meiner Mähne unglaublich höflich. Ich hoffte nur, dass mein Geld reichen würde. Obwohl ich inzwischen noch viele Frisöre kennen gelernt habe, meine ich, dass er am längsten brauchte, um meine Haare in Form zu bringen. Während seiner Arbeit fragte er mich von A bis Z aus. Als er endlich fertig war, sagte er: "Jetzt wirst du sehen, was ich weiter für dich tun kann. Ich rufe Fräulein Broneer an, die hier in Broby die Arbeitsvermittlung leitet." Ich wäre gar nicht auf die Idee gekommen, in diesem kleinen Ort eine Arbeitsvermittlung zu erwarten. Trotz der Beschreibung des Frisörs konnte ich die Adresse nicht finden und wurde hin und her geschickt. Am zweiten Bahnübergang fand ich endlich Fräulein Broneers Häuschen. Sie erwartete mich bereits an der Eingangstür. Die Dame war sichtlich unruhig über meine Verspätung, strahlte aber auf, als sie mich sah. Esther Broneer hieß mich herzlich willkommen, bat mich einzutreten und führte mich in ihre sehr vornehm eingerichtete gute Stube. Gleich danach kam ihr Bruder Enoch dazu. Da ich noch sehr wenig schwedisch sprach, wechselten wir ins Deutsche, was sie ausgezeichnet beherrschten.

Ich musste nun wieder meine Lebensgeschichte erzählen und viele Fragen über Einzelheiten beantworten, vor allem was sich in Deutschland zugetragen hatte. Ich verstand, sie hatten einmal auf ein ‚verkehrtes Pferd' gesetzt. Während unsrer Unterhaltung gab es ein ausgezeichnetes Mittagessen, danach Kaffee und Kuchen. Plötzlich sah ich auf der großen Standuhr, dass es 20 Minuten vor 5 Uhr war. Um 5 Uhr fuhr aber der letzte Autobus zurück nach Fjärlöv. Im Grunde hatten wir überhaupt nicht über die Arbeitssuche gesprochen. Sie rief mir aber noch nach, als ich aus dem Haus rannte, dass sie sicherlich etwas für mich finden würde. Ich solle sie in 3 Tagen anrufen! Als ich keuchend zur Bushaltestelle gerannt kam, musste der Fahrer die bereits geschlossene Tür wieder öffnen - aber ich hatte es geschafft!

Auf der Rückfahrt machte ich mir Vorwürfe, dass ich einen ganzen Tag vertrödelt und nichts Positives erreicht hatte außer meiner Simson-Frisur ein Ende zu bereiten, wobei ich gar nicht sicher war, ob Jenni mich so mögen würde. Auf alle Fälle erkannte sie mich und wollte sofort wissen, was es an Fabriken in Broby und Umgebung gab, welche Stellen zu haben waren und was ich angenommen hätte. Mir wurde sofort klar: Die schwierigste Aufgabe dieses Tages hatte ich noch vor mir!

Nach 3 Tagen telefonierte ich gegen Mittag mit Esther Broneer und erfuhr, ich hätte einen Arbeitsplatz in einer Glasbiegefabrik in Broby und eine vorläufige Unterkunft in einer Pension (Vilohjemmet), bis eine Zweizimmerwohnung in der ‚Villa du Nord' für uns frei würde. Es war fantastisch, was Esther Broneer in dieser kurzen Zeit für uns erreicht hatte. Daraufhin wurde Jenni wieder etwas freundlicher zu mir.

Bei allem Negativen findet sich auch meist etwas Gutes. Wir freuten uns darüber, dass wir diesmal unsern Umzug bequem im Autobus erledigen konnten. Unser Gepäck bestand aus einem kleineren Radio, das wir sehr billig von einem Nachbarn kaufen konnten. Da für uns die Kriegsnachrichten von größter Bedeutung waren, war ein Radio unsre erste Anschaffung. Nicht zu vergessen, hatten wir noch den einen Schuh, der im Meer nicht von meinem Fuß abzukriegen war. Beides steckten wir in eine mittelgroße Tüte und waren bereit für den Umzug.

In Broby angekommen, suchten wir das Viloheim von Frau Grethe Nielsson, das alle kannten. Dort wurden wir sehr nett aufgenommen. Es wohnten nur wenige Menschen im Heim, fast alle christlich Religiöse, die uns Juden als das auserwählte Volk betrachteten, was von uns ein entsprechendes, aber total unbekanntes Verhalten erforderte. Bisher waren wir immer glücklich, wenn man uns wie andere Menschen behandelt hatte. Wir entschieden, uns ganz natürlich zu betragen.

In Matthiesson's Glas-Industrie hieß mich mein neuer Chef freundlich willkommen, führte mich durch die Fabrikräume und erklärte mir, wie und wozu man Glas biegen kann. Es gefiel mir gut und erschien mir interessant. Er schlug vor, mit Kantschleifen zu beginnen. Ich erhielt einen Riesenstein von etwa 1m Durchmesser mit Treibriemen und Wasserzufuhr und los ging's mit Hilfe der Kollegen. Einer war netter und hilfsbereiter als der andere. Das Glas bekamen wir aus Deutschland in großen Scheiben per Eisenbahn in Güterwagen, verpackt in Holzkisten.

Wir mussten es vom Bahnhof zur Fabrik transportieren. Damals arbeitete man nach dem Motto: Alles geht - nur Babys muss man tragen!

Deutschlands Kriegsglück hatte sich total gewendet. Zum Kämpfen wurde mehr und mehr Hitlerjugend (zwischen 14 und 18 Jahren) eingesetzt, sodass selbst überzeugte Nazis anfingen, sich Sorgen zu machen. Aus Dänemark hörten wir, es gäbe deutsche Soldaten, die desertierten und sich versteckten, um zu überleben. Das war Ende März 1944. Auch Ungarn war inzwischen besetzt und eine ungarische Naziregierung eingesetzt worden. Meine armen Verwandten!!! Auch in Schweden war man sich nicht sicher, ob die Deutschen es nicht zu guter Letzt doch noch besetzen würden. Man lebte in gewisser Spannung und militärischer Bereitschaft, obwohl man Eisen und Stahl an die Deutschen lieferte und ihnen vieles erlaubte.

Jenni hatte den achten Monat hinter sich, als wir Bescheid bekamen, in die Villa du Nord einzuziehen. Sie konnte sich knapp bewegen und sollte nun eine Wohnung beziehen und einrichten? Doch als wir zur Villa kamen, wurden wir in die 2. Etage geführt und fanden eine komplett eingerichtete Zweizimmerwohnung vor. Alles ganz sauber mit gebrauchten Möbeln, Babybett und voller Babyaussteuer nebst Kinderwagen! Es fehlte nichts. In der Küche gab es Töpfe, Glas und Porzellan. Diese Sachen waren neu und ungebraucht! Zum Schluss zeigten uns die Leute, die in der unteren Etage wohnten, noch einen Haufen mit 2 Kubikmetern gehacktem Holz zum Heizen. Es war wie im Märchen! Noch heute kommen mir die Tränen, wenn ich daran zurückdenke. Bis zum heutigen Tag habe ich nicht erfahren, welche Menschen das für uns gegeben und vorbereitet haben. So fielen plötzlich viele Sorgen von unserm ‚Elterngewissen' ab.

Am Morgen des 29. April 1944 sagte Jenni: "Jetzt ist es so weit!" Drei Stunden nach der Ankunft im Krankenhaus hatten wir unsre Tochter! Wir nannten sie Jessi Ruth Inger. Alles ging wunderbar. Jedenfalls für mich war es furchtbar spannend, aber mit keinerlei Schmerzen verbunden. In der Erinnerung hörte ich noch meinen Vater sagen: "Vater werden ist nicht schwer, Vater sein dagegen sehr!" Also war ich auf das Schlimmste vorbereitet. Fünf Tage war ich allein. Dann holte ich meine beiden Damen nach Hause. Nun begann das schwere Vaterleben...

Meine Eltern schickten einen Brief durch das Rote Kreuz. Sie sind vom ‚Busch' in die Stadt gezogen und haben eine richtige Wohnung (ohne Schlangen). Mein Vater hat dort eine technische Werkstatt eröffnet. Er hatte bereits Kunden aus ganz Afrika, denn so eine Werkstatt, wo alles repariert wird, gab es sonst nirgends.

Für mich begann eine ziemliche Stress-Zeit. Bei der Arbeit hatte ich als Neuer und Anfänger viel zu lernen. Gestresst war ich in meiner neuen Vaterschaft durch fehlenden Nachtschlaf. Jessi war so klein, dass sie noch keinen Unterschied kannte zwischen Schreien und Singen.

Nie hörte ich auf, mir den Kopf zu zerbrechen, wie ich den Einwohnern Brobys meinen Dank abstatten könnte, denn ich fühlte mich sehr in ihrer Schuld. Eines Tages dachte ich an ein Konzert, das ich am Abend vorher im Radio gehört hatte. Es war zuvor als außerordentlich empfehlenswert angekündigt worden. Da es sich um moderne Musik handelte, dachte ich nach wenigen Minuten, dass es mir sehr bekannt vorkam: In unsrer Arbeitshalle mit insgesamt 7 Schleifmaschinen, mit Planzuschneidemaschinen und einem riesengroßen Generator, der von früh bis Feierabend für die Rotation aller Maschinen und für die Sandspritzer zu sorgen hatte, hatten wir praktisch genau dieselbe disharmonische Musik. Wir waren gezwungen, sie den ganzen Tag zu hören. Ich sehnte mich nach melodischer Musik, für die ich lange keine Zeit gefunden hatte und die ich sehr vermisste.

Zunächst erhielt ich von meinem Onkel Pali aus Budapest ein Telegramm mit der Bitte, ihm und den anderen Familienangehörigen schwedische Schutzpässe zu beschaffen, um ihr Leben zu retten. Das war keine leichte Aufgabe. Wohl hatte ich gehört, dass die Deutschen in Ungarn mit der Naziregierung anfingen, die Juden zu verfolgen. Aber viel wurde in Schweden darüber nicht berichtet oder gesprochen. Also ging ich zu meiner ersten Freundin Esther Broneer. Sie und ihr Bruder wussten, man hatte ein Hilfsgesetz erlassen, dass schwedische Staatsbürger mit nahen Verwandten oder Freunden in Ungarn, die aufgrund ihrer Rasse in Lebensgefahr geraten sind, ein Gesuch für einen schwedischen Schutzpass stellen können. Nach mehreren Telefonaten erfuhren wir, dass der Bischof von Stockholm mich persönlich in der Hauptstadt erwarte, und zwar so schnell wie möglich. Trotz meiner fehlenden schwedischen Staatsangehörigkeit wolle er im Außenministerium versuchen, die Schutzpässe zu erhalten. Es hätte große Eile!

Nach Erhalt von Adresse und Telefonnummer des Bischofs bedankte ich mich ganz herzlich bei Broneers. Im Bahnhof Broby fand ich heraus, dass ich einen Nachtzug nach Stockholm benutzen konnte, der ganz früh in der Hauptstadt sein sollte. Zuhause erzählte ich Jenni von meinem Vorhaben. Bei meinem Chef holte ich mir die Erlaubnis und bat ihn um einen Vorschuss, denn das Fahrgeld war sehr teuer. Im schnellsten Zug sollte die Reise mehr als 9 Stunden dauern. Dann rief ich den Bischof an und fragte, wann ich zu ihm kommen dürfte. Er meinte, ich solle direkt vom Bahnhof zu ihm zum Frühstück kommen. Ist das nicht fantastisch?

So fuhr ich am Abend desselben Tages im Schnellzug (damals 130 km in der Stunde) nach Stockholm. Im Coupé saß ich lange vis-a-vis einer Dame, die in einem Buch las und auch ab und zu einschlief. Vor lauter Aufregung hatte ich nicht daran gedacht, mir etwas zu lesen mitzunehmen. Als ich nach längerer Zeit feststellte, dass meine Taschenuhr stehen geblieben war, fragte ich die Dame, wie spät es sei. Sie antwortete nicht, sondern musterte mich mit einem derartigen Blick, dass ich mir ein großes Loch im Zug gewünscht hätte, um dadurch zu verschwinden! Das war typisch für diese Zeit in Schweden. Wie konnte ich eine Dame ansprechen, ohne vorher von einer dritten Person vorgestellt worden zu sein! Überhaupt waren die Schweden untereinander sehr steif, im Gegensatz zu den Dänen. Viele Kinder sprachen mit ihren Eltern noch in der dritten Person: "Will Vater gern Kaffee haben?"

Als ich nach Stockholm kam, nahm ich ein Taxi zum Bischof und fühlte mich wie eine königliche Person aufgenommen. Ich erinnere mich auch das Gefühl nicht losgeworden zu sein, im Besitz zweier linker Hände und Füße zu sein. Doch alles ging wunderbar. Ich erzählte dem Bischof Verschiedenes aus Deutschland und Dänemark. Wir sollten um 10 Uhr im Ministerium sein. Dort war es überhaupt kein Problem, all die Papiere fertig zu stellen und die Order telegrafisch nach Budapest durchzugeben, sodass die Schutzpässe noch am selben Tag in Kraft treten konnten. Zwar war ich enttäuscht, dass noch einige Namen fehlten, aber ich verstand, dass es hier um einen Wettlauf zwischen Leben und Tod ging.

Nun konnte ich mich einen halben Tag in Stockholm aufhalten und etwas von der Stadt sehen. An ein Haus erinnere ich mich, wo sehr viele Menschen hineingingen und herauskamen. Das machte mich neugierig.

So ging ich auch hinein zu einem von mehreren Fahrstühlen, fuhr vielleicht 200 m hinunter und kam unten in einer anderen Straße wieder heraus. Das war interessant!

Die Fahrt zurück nach Broby verlief sehr gut. Ich hatte mir eine Zeitung gekauft, habe keine Dame angesprochen und viel besser geschlafen als auf dem Hinweg. Zuhause begrüßte ich noch meine beiden Damen, frühstückte und hörte dann wieder bei der Arbeit ein modernes Konzert.

Am übernächsten Tag erhielt ich ein weiteres Telegramm mit Dank für die Schutzpässe und mit weiteren 10 Namen und Angaben. Erneut rief ich den Stockholmer Bischof an und fragte, was ich tun sollte. Seine Antwort: Es sei unsre Pflicht, Lebensrettung zu versuchen. Ich solle sofort wiederkommen. Das tat ich und fuhr zum zweiten Mal zur Hauptstadt mit dem gleichen guten Resultat.

Nach Jessis Geburt kamen wir sofort in Verbindung mit den ausgezeichneten sozialen Einrichtungen einer sozialdemokratischen Regierung. Gleich nach Jennis Heimkehr vom Krankenhaus kam eine speziell für Säuglinge ausgebildete Frau um festzustellen, ob unser Baby gesund ist und sich richtig entwickelt. Alle Schweden gaben uns das Gefühl, eine willkommene Familie zu sein - und dazu noch Juden! Es war uns völlig unbekannt, dass es eine Ehre sein könnte, Jude zu sein. In all den Jahren vorher dachten wir, es sei ein schlimmer Geburtsfehler, von jüdischen Eltern geboren zu sein.

Irgendwann im Frühjahr 1944 sind wir in das Haus von Hoffmanns eingezogen. Jetzt wollte ich es nicht länger hinausschieben, mich bei unsern neuen Freunden, Nachbarn und Arbeitskameraden für die fantastische Aufnahme in Broby zu bedanken. Sobald wir uns eingelebt hatten, trafen wir Vorbereitungen für eine Großeinladung zur Danksagung. Wir bestimmten den Tag, erklärten ihn zu einer offenen Einladung in Hoffmanns Garten und beteten um gutes Wetter und dass wir genügend Kaffee und Kuchen vorbereitet hätten. Jenni und ich waren voll beschäftigt mit dem Empfang, doch einige Freunde halfen uns. Bei meiner Dankrede wusste ich vor Aufregung nicht mehr, wie ich sie anfangen und was ich überhaupt sagen wollte. Doch nun musste es durchgestanden werden. Irgendwie gelang es mir dann, mein Herz zu erleichtern. Ich sprach noch mein gutes Dänisch, das nicht immer für jeden Schweden verständlich war. So sprach ich von Jenni als von meiner Ehefrau (kone). Auf schwedisch bedeutete dieser Ausdruck damals ,leichtes Mädchen'. Daher fragte mich hinterher ein verwunderter Mann: "Seid ihr denn nicht verheiratet?"

Mittsommernacht wurde in unsrer Nachbarschaft jedes Jahr tanzend und singend um einen hohen blumengeschmückten Mast gefeiert. Alle waren ganz wunderbare Menschen, die uns das Leben lebenswert machten. Auch unsre Kinder wurden die besten Freunde, bevor sie auf eignen Beinen stehen konnten.

Auch im Ausland ging das Leben weiter. Obwohl sich für Deutschland das Kriegsglück ins totale Gegenteil verkehrt hatte, war man sich in Schweden nicht sicher, ob die Deutschen das Land nicht doch noch besetzen würden. Allerdings hatte man gewisse Vorsichtsmaßnahmen getroffen, falls ein Versuch unternommen werden sollte.

In der Glasfabrik ging alles seinen normalen Gang. Ich arbeitete nun in der Abteilung für die Bemusterung von Glas. Die Arbeiter und der Chef hatten ein gutes Verhältnis untereinander und besuchten sich gegenseitig. Auf diese Weise lernten wir damals Josef und Birgit Brännborn kennen, die noch heute zu meinen besten Freunden gehören.

Ein anderer guter Freund, Alex Johnsson, wurde sehr schnell einer von unsern täglichen Besuchern , besonders weil er positiv auf meine Idee reagierte, ein Tanzorchester auf die Beine zu stellen. Der Gedanke kam uns, als wir eines Samstagabends bei einem Spaziergang vierzehnjährige Jungen trafen, die total betrunken waren. Auch Alex war sprachlos. Doch er verteidigte sie, denn sie hätten in Broby keine Anregung zu irgendeinem Hobby. Sofort griff ich diesen Gedanken auf und wir diskutierten meinen Vorschlag, ein Orchester aufzubauen, Instrumente zu beschaffen, sie kennen zu lernen und auch anderen das Spielen beizubringen.

Da es in Broby keinen Musiklehrer gab, mussten wir uns selbst einsetzen. Wir waren Feuer und Flamme. Für unser Vorhaben gab es noch 3 weitere Interessierte: Gotte, Sture Hansson und sein jüngerer Bruder Thore. Sture spielte richtig gut Knopfharmonika, aber nur nach Gehör.

Außer mir kannte keiner Noten. Also hatte ich eine wichtige Aufgabe vor mir. Eines Tages kam Sture mit einem ganzen Noten-Arrangement für Orchester an, sodass wir sahen, welche Instrumente dabei die wichtigsten waren. Wir entschieden, dass Alex und Gotte jeder eine Trompete, Thore ein Alt-Saxofon und ich ein Tenor-Saxofon anschaffen sollten. Außer Sture hatte keiner von uns je ein solches Instrument in der Hand gehabt oder gewusst, wie man einen Ton hervorbringen sollte noch wie lange es dauern würde, bis es glückte.

Anfang 1945 radelten wir 4 Optimisten nach Osby zum Ungdoms-Stjärnans-Musikforlag, um uns Instrumente anzusehen. Jedenfalls wollten wir mit dem Inhaber besprechen, was wir tun könnten. Das erwies sich als gute Idee, denn der Mann war sofort Feuer und Flamme und erklärte uns, wie wir die Instrumente auf Abzahlung kaufen könnten. Jeder erhielt ein eigenes Lehrbuch für sein Instrument und den optimistischen Rat: "Das findet ihr alles selbst heraus.!" Wir schieden als gute Freunde und blieben es viele Jahre lang.

Jetzt bewies Jenni mal wieder, wer sie war. Sie protestierte überhaupt nicht. Obwohl sie dem Instrument physisch am nächsten war, lachte sie nur, gab mir Zeiten nach dem Abendessen, wann ich üben durfte und nahm während dieser Zeit Jessi mit auf einen Spaziergang. Nach und nach fanden auch unsre nächsten Nachbarn heraus, dass es eine gesunde und sportliche Übung wäre, nach dem Abendessen einen Spaziergang zu unternehmen. Für mich gab es nur noch mein neues Baby, bis ich herausfand, wie man Töne hervorbringen kann und wie man die Lippen formen muss, um die Töne rein und lang klingen zu lassen. Sonntags unterrichtete ich die anderen in Notenkunde und wir besprachen unsre Erfahrungen mit den Instrumenten. Es war schwer, aber wir fanden, es ging vorwärts. Wir übten und übten, schon um allen anderen nicht noch mehr Stoff zum Spott zu geben, als sie sowieso schon hatten. Die Zeit verging schnell. Wir hatten ein Hobby, Jenni, Jessi und die Nachbarn ihre Spaziergänge.

Man erwartete schon lange, dass Hitler kapitulieren würde, aber leider hoffte er bis zum letzten Augenblick auf seine Wunderwaffe, und das kostete noch viele Menschen das Leben. Es wurde Frühling. Der 4. Mai 1945 war unser erster richtiger Freudentag, als Deutschland Dänemark freigab!!! Kurz danach erhielten wir von der dänischen Gesandtschaft das Angebot, nach Dänemark zurückzukehren. Wir würden sofort die dänische Staatsangehörigkeit erhalten, was sehr verlockend war. Damit begannen wieder Diskussionen zwischen Jenni und mir, wie wir uns jetzt entscheiden sollten. In einer Sache waren wir uns schnell einig: Wir hatten beide keine große Lust wieder umzuziehen noch auf neue Wohnung, Umgebung und Arbeitssuche. Es ging uns richtig gut und wir wünschten keine Veränderung, es sei denn wir fänden eine Möglichkeit, mit meinen oder Jennis Eltern zusammenzutreffen. So beschlossen wir, bis auf weiteres in Broby zu bleiben und herauszufinden, was mit unsern Eltern geschehen war. Für die Dänen freuten wir uns sehr, dass sie nun wieder ein selbständiges Volk im eigenen Land sein durften mit relativ wenigen Kriegsopfern dank ihres Königsbeschlusses von 1940, sich zu ergeben statt zu kämpfen. Ihr Widerstand durch ihre Sabotageaktionen hatte das Leben der Besatzer sehr sauer gemacht und sich selbst und der Welt oft bewiesen, dass sie große Helden waren.

Gerade in dem Moment, als ich die Aufgabe mit dem Orchester übernommen hatte, konnte ich mir nicht vorstellen, das Ganze wieder aufzugeben. Ich wollte meinen Dankesplan weiterführen, und das bisher Erreichte war nicht schlecht. Unser Problem und das unsrer Nachbarn in ganz Broby war die Frage, wo wir zusammen spielen könnten. Plötzlich fand ein kluger Mensch die Lösung, dass wir das alte unbenutzte Volkshaus dazu gebrauchen könnten. Man hatte es noch nicht abgerissen, weil keine direkte Einsturzgefahr bestand. Das Haus lag in einem dichten Wald ohne Wohnhäuser in der Nähe, also wie für uns geschaffen. Dort durften wir jeden Sonntagvormittag zusammen üben. Das taten wir mit ganzem Herzen und voller Puste. Unsre Schwierigkeit bestand zunächst darin, aus all unsern Cs e i n gemeinsames C zu schaffen. Das hört sich zwar einfach an, war es aber absolut nicht. Dann kamen die andren Töne dran, dann die Akkorde - und schließlich konnten wir anfangen, nach Noten zu spielen. Irgendwann in dieser Zeit von etwa einem halben Jahr ‚Reinigungsarbeit' ging der alte Herr Carlsson an einem Sonntagvormittag auf der Hauptstraße spazieren, blieb plötzlich stehen, hielt seine Hand an sein Ohr und drehte sich langsam um sich selbst. Zufällig kam auch Herr Larsson vorbei und fragte erstaunt: "Was suchst du, Carlsson?" "Ach, ich hätte doch gern gewusst, wer hier in Broby an einem Sonntagvormittag Holz sägt!!" Es war nur unsre Orchesterprobe. Diese wahre Geschichte lief im ganzen Ort herum. Dafür sorgte jedenfalls Herr Larsson. Wie gesagt: Nicht nur wir, ganz Broby litt!

Eines Abends klingelten 2 Männer an der Tür. Der eine war Dr. Hahner, der andere Landfiskal Rytmer, die oberste Polizeigewalt für die Umgebung. Sobald sie sich gesetzt hatten, kamen sie gleich zur Sache: Sie baten mich, ihnen als Dolmetscher zu helfen. In 2 Stunden sollten

120 Frauen aus einem Konzentrationslager aus Deutschland oder Polen kommen. Sie sollten in einem geschlossenen Lager in der Möllarp-Schule untergebracht werden. Alle müssten vom Arzt untersucht und behandelt werden. Meine Aufgabe wäre, den sprachlichen Kontakt zwischen Patientinnen und Arzt sowie Polizei herzustellen. Man brauchte mich dazu dringend. Ich müsste mich sofort entscheiden, könnte wahrscheinlich die nächsten 3 Wochen nicht viel zuhause sein und würde für diese Extraarbeit keine Bezahlung erhalten. Mein Arbeitgeber sei einverstanden. Herr Rytmer hatte gute Vorarbeit geleistet, denn das Ganze war ihnen ohne Vorankündigung auferlegt worden. Ich sagte zu und nahm von meinen Damen Abschied, denn Dr. Hahner musste uns und sich selbst schnellstens 8 Schutzimpfungen verpassen. Als wir zur Möllarp-Schule fuhren, war mir klar, dass ich in dieser Nacht nicht mehr zum Schlafen kommen würde. So war es auch. Wir warteten nicht lange, da kamen 3 große Autobusse mit ganz schrecklich aussehenden beweglichen Wesen. Ich kann leider nicht Menschen schreiben, denn sie waren in einem unbeschreiblichen Zustand. Sie glaubten alle, dass sie nach einem so langen Transport jetzt endlich in das Todeslager gekommen waren und direkt in die Gaskammern müssten. Lange dauerte es, bis ich sie davon überzeugen konnte, dass sie in Schweden in Freiheit waren und dass wir sie hier wieder gesund machen würden.

Nach einigen Tagen konnten wir merken, dass sie anfingen, uns zu glauben. Diese mit Haut überzogenen Knochengerüste begannen langsam wieder menschenähnlich auszusehen. Vorläufig arbeitete ich ununterbrochen mit dem Arzt zusammen. Meine Arbeitszeit betrug über 20 Stunden am Tag. Der Arzt und der Polizeibeamte fuhren nach Hause, wenn es absolut nötig war. Nur ich musste wegen der Verständigung da sein. So war ich im ersten Monat praktisch dreimal zuhause. Den Rest verbrachte ich im Lager. Immer mehr fürchterliche Geschichten über die Behandlung, der sie im KZ ausgesetzt waren, bekam ich zu hören, bis ich ihnen einfach erklärte, dass ich es nicht mehr aushalten konnte. Zwei Drittel von 120 weiblichen Geschöpfen waren Juden. Als sie erfuhren, dass ich auch Jude war, waren sie außer sich vor Freude. Nach und nach wurde die Ansteckungsgefahr geringer. Ungefähr nach 2 Monaten hob man die Quarantäne auf. Die für gesund Erklärten fingen an, die nächste Umgebung zu erkunden. Das fiel ihnen nicht leicht, denn sie waren seit Jahren gewöhnt, sich nur unter Aufsicht zu bewegen.

Die Polizeiarbeit und die Aufnahme der Personalien ging ziemlich glatt. Doch etwas problematisch war bei einigen Frauen die Altersangabe. Automatisch gaben sie 15 Jahre weniger an oder zogen die Jahre, die sie im KZ gesessen hatten, einfach ab. Aufgrund der durchlittenen Qualen waren sie sehr schwer einzuschätzen.

Endlich wieder zuhause, konnte ich mich schon richtig mit Jessi unterhalten und wurde wieder von Jenni hochgepäppelt. Auf meinem Saxophon hatte ich viel nachzuholen, denn die anderen hatten schon angefangen, Tanzmusik einzuüben. Auch in der Firma musste ich mich wieder einarbeiten. Die Zeit raste und ich wollte mithalten.

Hurra!!! Kriegsschluss!!! Wir durften überleben!!!
Wir l e b e n !!!

Wir haben eine Zukunft!!!
Sehen vielleicht unsre Eltern und Familie wieder!!!

Nie wieder Krieg!!! Jetzt beginnt ein schönes Leben!!!
GOTT SEI DANK!!!!!

Seit 1933 (als Dreizehnjähriger) hatte ich keine Kindheit, keine Jugendzeit, keine Schulausbildung, keine Vergnügungen gehabt, hatte früh auf eigenen Beinen stehen müssen. Ich wurde gejagt von einem Land ins andere. Und doch habe ich in der Möllarpschule erfahren, welch großes Glück ich und meine ganze Familie im Grunde hatten - und weiß es in Dankbarkeit zu schätzen!

Noch etwas geschah etwa 2 Monate vor Ende des Krieges. Ein weiterer deutscher Flüchtling war nach Broby gekommen, der mit der SS in Norwegen stationiert gewesen war. Er desertierte. Seine Frau stammte nämlich aus Broby. Als ich das erfuhr, wurde mir abwechselnd heiß und kalt. Broby verlor für mich an Helligkeit und kam mir plötzlich sehr klein vor. Sein Name war Professor Seebas. Er war Geologe und hatte auch als solcher in Norwegen gedient. Ich hoffte nur, dass das stimmte...

Das Orchester gedieh von Tag zu Tag. Wir benutzten das Volkshaus auch an manchen Abenden in der Woche. Mit der Zeit hatten wir uns 12 Tanzmusik-Arrangements angeschafft. Als wir fanden, wir könnten sie gut genug spielen, wollten wir Broby zeigen, was wir in dieser kurzen Zeit erreicht hatten. Wir luden die Jugend zu einem Tanzabend mit dem Broby-Musikzirkel ein. An der Hauptstraße fanden wir auch einen Platz, der zwar nicht groß war, aber wir rechneten auch nicht mit vielen Besuchern.

Natürlich war uns klar, dass wir mit 12 Schlagern keine Veranstaltung füllen könnten. Doch wir beschlossen, die Melodien einfach wieder von vorn zu spielen. Auch würden nicht alle Besucher von Anfang an da sein. So würden wir noch mehr Übung bekommen. Gesagt - getan!

Der Abend kam und auch einige Neugierige. Es tanzten auch Leute. Einige, die bis zum Ende ausgehalten hatten, erzählten uns Folgendes: Nachdem wir etwa eine halbe Stunde gespielt hatten, hielt ein Auto vor der Tür. 5 bekannte Musiker von Sibbhult stiegen aus und kamen an die Tür, um zuzuhören. Nach wenigen Minuten sagte der Eine zu den Anderen: "So ein Orchester habe ich in meinem ganzen Leben noch nicht gehört!" "Hurra!, rief ich schnell, eine bessere Kritik konnten wir nicht kriegen! Wir sind anerkannt!" Es war uns bewusst, wir hatten keinen Schlagzeuger, was eigentlich das Fundament eines Tanzorchesters ist. Wir selbst waren pure Anfänger, denen eine Menge Musiktheorie fehlte und vor allem ein guter Lehrer.

Inzwischen war es wieder Herbst geworden. Der Winter stand vor der Tür. Da galt es, sich einzudecken mit genügend Holz, was man sich auf dem Lande mit entsprechend viel Zeit und Kraft durch eigene Arbeit relativ billig besorgen kann. Von einer Frau Esther Mattsson erhielt ich eine Postkarte mit einer Einladung zum Nachmittags-Kaffee am kommenden Samstag. Ich kannte die Dame nicht, wusste aber, wo ihr Bauernhof lag.

Neugierig fuhr ich am Samstag mit frisch gewaschenem Hals und Ohren im neuen Oberhemd zu Frau Mattsson. Sie nahm mich sehr freundlich auf, bat mich, an einem gedeckten Tisch Platz zu nehmen und sagte, es käme noch ein Herr, der aber ein wenig verspätet sei. Ob es mir etwas ausmache, dass wir auf ihn warteten. Ich hatte nichts dagegen. Sie fuhr fort: "Inzwischen könnten wir eine Angelegenheit besprechen. Ich besitze einen kleinen Wald, der seit einigen Jahren nicht gepflegt wurde, und das ist schädlich für einen Wald. Es müssten einige Bäume gefällt und die Äste zu Brennholz gesägt und gehackt werden. Ich habe erfahren, dass Sie so etwas suchen, um Ihren Bedarf zu decken. Hier wäre eine Chance für Sie, es umsonst zu erhalten. Gleichzeitig wäre es eine große Hilfe für meinen Wald. Der Herr, auf den wir warten, ist auch interessiert. Darum habe ich ihn mit eingeladen, denn zu zweit geht eine solche Arbeit viel leichter und schneller. Damit kommen wir zu dem Hauptproblem. Dieser Herr ist erst kürzlich nach Broby gekommen. Er ist Flüchtling wie Sie, allerdings von der entgegengesetzten Seite. Er ist Deutscher." Damit ich sie nicht unterbrechen konnte, fuhr sie schnell fort mit ihrer Erklärung: "Es ist der Mann meiner Freundin. Ich kenne ihn schon viele Jahre und weiß, dass er ein anständiger Mensch ist. Da ihr beide Flüchtlinge seid, finde ich, ihr solltet einen Strich unter die Vergangenheit ziehen und hier im kleinen Broby miteinander in Frieden, ja sogar in Freundschaft leben. Dazu kommt, dass Herr Seebas eine musikakademische Ausbildung hat, ein fantastischer Pianist ist und sicher bereit wäre, euch in eurem Musikzirkel weiterzuhelfen. Ich garantiere, dass er keinem Juden ein Leid getan hat!"

Erst hatte ich das Gefühl, dass sich mein Gehirn in einen Ventilator verwandelt hätte. Ich war sprachlos und konnte gar nicht fassen, wo ich anfangen sollte zu denken. Nur Eines merkte ich, dass es sich um eine diplomatische Überrumpelung handelte, wenn auch um eine gut gemeinte. Doch viel Zeit zum Überlegen hatte ich nicht, denn schon klingelte es an der Tür. Esther Mattsson ging um zu öffnen. Gleich darauf kamen beide herein und sie stellte mir Professor Seebas vor und mich ihm.

Plötzlich war eine eisige Atmosphäre im Raum, was unsre Gastgeberin vermutlich vorausgesehen hatte, denn sie kam schnell mit einer Kaffeekanne, schenkte ein und bot feinen Kuchen an. Natürlich sprachen die Beiden zuerst miteinander über persönliche Dinge, sodass ich mich etwas beruhigen konnte. Danach kam das Gespräch auf die Waldarbeit. Dabei stellte sich heraus, dass Herr Seebas den Wald von früheren Zeiten gut kannte und auch die Arbeit als solche. Er würde sich freuen, wenn ich die Arbeit als zweiter Mann übernehmen würde. So verabredeten wir, am nächsten Tag, einem Sonntag, zu beginnen. Wir trennten uns ziemlich bald, da ich viel im Kopf hatte, was ich mit Jenni besprechen wollte.

Jenni war zuerst auch sprachlos vor Überraschung und wusste nicht zu reagieren. Sie dachte natürlich an ihre Eltern, deren Schicksal uns nach eingehender Nachforschung durch das Rote Kreuz inzwischen mitgeteilt worden war: Sie waren beide nicht mehr am Leben. (Natürlich hofften wir, dass das ein Irrtum war.) Dann meinte sie weiter: "Der Krieg ist Gott sei Dank vorbei und wir als Flüchtlinge sollten hier in Broby keinen neuen beginnen. Es kann sein, dass er nicht mit allem Tun in Deutschland einverstanden und darum desertiert war und diese Gefahr auf sich genommen hat." Zum Schluss meinten wir, ich solle bei der Waldarbeit versuchen herauszufinden, w e r er ist. Was seine Hilfe im Musikzirkel angeht, würde ich mit meinen Musikkollegen besprechen und sie entscheiden lassen.

Am nächsten Morgen nahm ich meine langstielige Axt mit aufs Fahrrad, die Sägen lagen in Frau Mattssons Schuppen bereit. Während ich die Wohnung verließ, sang ich das Lied aus dem 1. Weltkrieg "Morgenrot, leuchtest mir zum frühen Tod..." Sofort traf mich Jennis Schuh am Kopf! Trotzdem fragte sie mich noch: "Wagst du es, mit solchem Werkzeug mit dem SS-Mann allein im Wald zu arbeiten?"

Wir trafen uns neben dem Bauernhaus und gingen direkt in den Wald. Schnell fanden wir den ersten Baum, den wir zu fällen hatten. Wir sprachen nicht viel miteinander, nur was mit der Arbeit zu tun hatte. Er verstand wirklich etwas davon und gab mir einige gute Tipps, wie man verschiedene Dinge leichter anpacken kann. Wir arbeiteten 5 Stunden und verabredeten, wann wir baldmöglichst Fortsetzung machen wollten. Jedenfalls kam ich lebend wieder nach Hause.

Da nie jemand protestierte, hatten wir unsre Musikproben öfter auf den Sonntagnachmittag verschoben. so konnte man am Vormittag viel erledigen, wozu man sonst keine Zeit fand. Doch am Nachmittag tat man nur, was einem gleichzeitig Vergnügen bereitete. So erging es uns jedenfalls. Als wir uns trafen, erzählte ich mein Erlebnis mit Frau Mattsson und Herrn Professor Seebas. Sie hörten mir schweigend zu. Am Schluss entstand eine lange Stille, bis Alex sagte: "Dieses Angebot klingt sehr verlockend. Aber der Musikzirkel ist deine Idee, dein Baby. Daher finde ich, dass du bestimmen solltest, ob wir das Angebot von Seebas annehmen oder nicht. Ich weiß nicht, wie ich an deiner Stelle gehandelt hätte." Die anderen stimmten ihm nach und nach zu. So lag die Entscheidung bei mir. Ich verstand auch sehr gut , welch einmalige Gelegenheit dies Angebot für uns darstellte: "Gut, dann bitten wir ihn, den Musikzirkel als musikalischer Leiter zu übernehmen." Darauf baten sie mich, diese Angelegenheit in ihrem Namen zu erledigen.

Die nächste Waldarbeit mit Professor Seebas fand erst am nächsten Sonntag statt. Wir trafen uns wieder im Wald. Seelisch war ich jetzt schon abgekühlter. Zur Abkühlung trug außerdem das Wetter bei, denn wir hatten an diesem Tag minus 35 Grad. Die Arbeit ging gut vorwärts. Während wir zu zweit mit der Säge an einem Baum sägten, konnte ich Professor Seebas von meinen Musikkameraden grüßen und fragen, ob er bereit wäre, ehrenamtlich die Leitung vom Broby-Musikzirkel zu übernehmen. Die Antwort kam sofort: "Ja, mit größtem Vergnügen. Ich habe eine einzige Bedingung, dass ich das Programm bestimmen darf. Denn ich bin gegen Tanzmusik, dafür mehr für leichte klassische und Unterhaltungsmusik. Wenn ihr damit einverstanden seid, können wir sofort beginnen. Ich denke, ich werde auch noch einige Leute finden, die Geige spielen. Mit der Zeit kommen sicher noch andere dazu." Nach der Waldarbeit gingen 2 sehr verschiedene, aber zufriedene Flüchtlinge nach Hause. Im Wald aber lag ein wachsender Stapel Brennholz.

Zuhause warteten Alex, Gotte und Tore. Sie wollten alle das Ergebnis hören. Als ich berichtete, sah ich wegen der Tanzmusik enttäuschte Gesichter. Ich gab ihnen Recht, meinte aber, wichtig für uns wäre doch, dass wir technisch und theoretisch vorankämen. Dazu hätten wir durch Seebas beste Möglichkeiten. Die Noten wären jedenfalls dieselben. Das half und wir waren gespannt, wie es jetzt weitergehen würde. Schon am übernächsten Tag teilte uns Professor Seebas mit, dass wir an 2 Abenden der Woche den kleinen Saal in der Broby-Schule zur Verfügung gestellt bekommen, wo ein Klavier steht. Er bat uns, am nächsten Abend zu kommen mit den 3 Tanzmusikarrangements, die wir am besten spielen konnten, damit er eine Ahnung bekäme, was wir schon gelernt hatten. So geschah es, dass wir ihm diese Stücke vorspielten. Wir mussten auch einzeln unsre Stimme präsentieren, sodass er sich ein Bild machen konnte, was jeder von uns zu leisten imstande war. Für den nächsten Probenabend hatte er bereits ein Arrangement geschrieben, wo jeder eine extra für sein Instrument und Können zugeschnittene Stimme erhielt. Es war ein Choral. Schon nach ganz kurzer Zeit klang er einfach wunderbar. Wir waren hingerissen! Am nächsten Übungsabend erweiterte sich unser Orchester um 3 Violinspieler, einen Kontrabassisten und einen Klarinettisten. Mit anderen Worten, wir hatten bereits ein richtiges Orchester, wenn auch ein kleines. Unser Leiter wirkte sogar als guter Pianist mit. So hatten wir 5 Anfänger einen neuen schnellen Start. Doch das war alles ein Nichts gegen das, was jetzt weiter geschah. Seebas überraschte uns bei jeder Probe mit neuem selbst geschriebenem, jeweils auf die Person abgestimmten Notenmaterial. Jeder hatte so viel zu üben, dass er auch Fortschritte machte. Nebenbei übten wir tüchtig laut und leise spielen, sodass langsam aber sicher gute Musik dabei herauskam.

Broby-Musikzirkel: Rudolf hinten links, Prof. Seebas am Klavier

Inzwischen gedieh Jessi gut und normal. Sie sprach schon perfekten Skanedialekt, denn ihre besten Spielkameraden waren die gleichaltrigen Stina und Krister. Sie wuchsen zusammen auf wie Drillinge. Was die eine schon konnte, lernten sofort auch die beiden anderen.

Nachdem ich unsre Schulden recht gut unter Kontrolle gebracht hatte, zum Teil auch durch den Akkordeonunterricht, den ich erteilte, konnten wir uns erlauben, eine Reise nach Mön in Dänemark zu unternehmen. Wir wollten unsre Nachbarn gern treffen. Die Reise zurück nach Dänemark erfolgte diesmal ohne jegliche Spannung und Aufregung. Es wurde ein schönes Wiedersehen mit wirklichen Freunden, eine unvergessliche Wochenendfahrt. Die Dänen waren nach dem Krieg in allerbester Stimmung!

Eine schwere Zeit erlebten wir danach, als Jenni wegen einer Enzephalitis (Hirnhautentzündung) wochenlang in Kristianstad im Krankenhaus liegen musste. Zwar erhielten wir eine Haushaltshilfe durch unsre Organisation, aber Jessi verlangte oft weinend nach ihrer Mutter.

In diese Zeit fiel auch das erste Konzert unsres Musikzirkels, ein Abend mit Solostücken für mehrere unsrer Instrumente, auch für mein Tenor-Saxofon. Es war ein Schubert-Konzert mit Gesangssolisten. Nach diesem wunderbaren Abend erhielten wir Einladungen, auch an anderen Orten zu spielen.

Unmöglich zu beschreiben, wie schön das Leben wieder war, als Jenni endlich zurückkam, gesund und munter wie vorher. Kurz danach wurden wir mit Jessi von einem Ehepaar Rülf nach Kristianstad eingeladen, das Jenni während ihres Krankenhausaufenthaltes öfter besucht und ein wenig verwöhnt hatte. Ihre Kinder waren älter als Jessi, aber sie spielten wunderbar zusammen.

Am Nachmittag gingen wir zu einer Versammlung mit einigen Vorträgen, organisiert von der Jewish Agency (zionistische Organisation). Der musikalische Teil wurde durch eine Schallplatte bestritten, eine Aufnahme des israelischen Polizeiorchesters, das damals noch P.P. (Palestine Police Orchestra) hieß. Natürlich war ich sofort hellwach und dachte mir im Stillen, ob ich je einmal so weit kommen werde mit meiner Spielerei, um in diese Kapelle aufgenommen werden zu können? Diese Gedanken kamen mir dort beim Zuhören. Tatsächlich wurde ich 1951 in Israel in dieses Orchester aufgenommen!

Da nun Jenni wieder zurück in Ihrem Element war und langsam wieder zu Kräften kam, konnten wir von neuem das Leben genießen. Und wir taten es ganz bewusst. Wir freuten uns an jedem Tag, an der Arbeit und den damit verbundenen guten Seiten des Lebens, an unsren Freunden und an dem Trio unsrer Kinder, Stina, Krister und Jessi. Meiner Meinung nach war das die schönste Zeit unsres Lebens!

Für mich war es auch die Freude über das Vorwärtskommen in unsrer musikalischen Ausbildung für uns 5 tollkühne Anfänger, die jetzt schon das Gefühl hatten, Musiker zu sein. Nach unserm so gut gelungenen Schubertkonzert fiel mir auf, dass die Leute begannen, sich für Musik zu interessieren. Auch wurde ich gefragt, ob ich neue Schüler annehmen würde. Doch ich konnte es nicht schaffen, mehr als 3 Schüler zu haben. Dann habe ich immer versucht, einen Lehrer aufzutreiben, der den Schüler übernehmen konnte. Das war ja der Sinn meiner Idee, der Jugend zu einem guten Lebensinhalt zu verhelfen.

Mittlerweile waren unsre ‚Broby-Drillinge' eine nach der anderen 4 Jahre alt geworden mit dazugehörigem Humor und Dreistigkeit, sodass wir abwechselnd vom Weinen zum Lachen kamen. Am Waschtag durfte Jenni das Waschhaus von Stenemölle benutzen. Es lag gleich neben dem Helgefluss und war so eingerichtet, dass die Wäsche im Fluss unter ‚fließendem' Wasser gespült werden konnte, was eine große Arbeitserleichterung war. Als Jenni einmal mitten beim Waschen war, fand sie, es sei so still rundherum. Als sie versuchte Jessi zu finden, sah sie die Kleine sich im Fluss im eiskalten Wasser vergnügen. Jenni war gezwungen, nachzuspringen, um Jessis Leben zu retten, denn der Fluss hatte durch starkes Gefälle große Kraft. Aber Jessi hatte ihr Vergnügen... Wenn ich heute daran zurückdenke, läuft es mir kalt den Rücken runter, in welcher Gefahr sie geschwebt hatte und dass Jenni, ohne viel nachzudenken, hinterher gesprungen war.

Einer unsrer besten Kameraden war Alex Johnsson. Er war sehr treu und fast täglich bei uns zu Besuch. Wir hatten immer viel zu diskutieren. Seine Kindheit war nach dem frühen Tod der Mutter schwer gewesen. Der Musikzirkel war eine große Hilfe für ihn. Jedenfalls wurde das Orchester zu seinem 30. Geburtstag eingeladen. Das Fest fand in unserm Volkshaus statt. Alex konnte uns kein richtiges Essen anbieten, nur einen leichten Stehimbiss. Das Einzige, was wir mitbringen sollten, war gute Laune und Humor. Der Abend kam: Plötzlich kam Alex aus der Küche mit hoher Kochmütze, weißer Jacke und einem riesengroßen weißen Nachttopf, an einigen Stellen leicht mit Senf verschmiert. Um den Hals hatte er eine Kette mit einer Toilettenpapierrolle in Brusthöhe und einer Zuckerzange in der Hand, mit der er die dampfend warmen Würstchen aus dem Nachttopf nahm, in ein doppeltes Toilettenpapier legte und mit Senf bestrichen verteilte. Seebas brach in ein dröhnendes Lachen aus und wir anderen stimmten ein. Es gab Brötchen dazu. Wir konnten die Würstchen, von denen jeder so viel essen durfte, wie er wollte, mit viel Trinkbarem hinunterspülen. Es wurde ein sehr lustiger Abend. Ich hatte alle Mitspieler unsres Musikzirkels sehr gern. Gemeinsam mit unsern anderen Freunden waren sie diejenigen, die unser Leben in Broby zur schönsten Zeit machten. Natürlich hatte Jenni auch ihre Freunde, mit denen wir zusammenkamen und viele schöne Stunden verbrachten.

1948 wollte der Musikzirkel unter Leitung von Professor Seebas in der Kirche von Broby ein großes Weihnachtskonzert aufführen. So begannen wir mit den Proben. Wieder sollten neben dem Orchester unsre Solisten vom Schubertkonzert und auch der Kirchenchor, der sich inzwischen gebildet hatte, mitwirken. Herr Seebas arbeitete auf Hochtouren und schaffte es immer, mit dem Notenmaterial fertig zu werden. Je schwerer unsre Aufgabe technisch war, desto mehr Spaß machte es uns, wenn wir nach intensiver Arbeit in der Lage waren, unseren Teil gut zu spielen. Jede Probe war ein Vergnügen, nicht zuletzt wegen der humorvollen Art unsres Dirigenten, Verbesserungshinweise zu geben, was sich auch auf uns andre übertrug.

In der Glasbiegerei ging es trotz des guten Willens aller Arbeiter stetig abwärts. Das hing mit der Nachkriegssituation zusammen: Schweden und die Schweiz waren als neutrale Länder die Lieferanten der kriegführenden Länder gewesen und hatten dadurch ihre Fabriken auf größere Quantitäten umstellen und modernisieren können. Doch 3 Jahre nach Kriegsende waren alle Länder dabei, ihre eigene Industrie wieder aufzubauen. Das bekamen wir zu spüren. Die Beschaffung von Rohmaterialien war plötzlich kein Problem mehr, dagegen Aufträge für die Produktion zu erhalten sehr!

Eines Tages sagte mir ein Mitarbeiter, unser Arbeitgeber sei der Meinung, dass jeder, der eine andere Arbeit finden kann, abspringen solle. Es würde ihm zu schwer, Leute zu entlassen.

Inzwischen stand Weihnachten vor der Tür. Wir übten fleißig für das Festkonzert und kannten schon die Reihenfolge der Musikstücke. Alles klappte zufriedenstellend. Wir sprachen darüber, dass wir sehr gespannt wären, aber nicht aus Angst vor dem Auftritt, sondern voller Vorfreude, den Brobyern ein schönes Weihnachtsgeschenk bescheren zu können. Am ersten Weihnachtstag füllte sich die Kirche sehr schnell. Wir begannen das Festkonzert mit Psalm 24 mit Sologesang und Orchester. Nach verschiedenen Stücken und Liedern wurde der Abend mit demselben Psalm 24 abgeschlossen. Anschließend wurden wir alle in den großen Kirchensaal eingeladen, wo die Tische bereits mit lecker dekorierten Torten und Kuchen auf uns warteten. Bei den Dankreden hatte ich ein Gefühl wie ein Baumeister, wenn er sein fertiggestelltes, wohlgelungenes Gebäude betrachtet.

Eine neue Arbeit fand ich in einer Hufeisenfabrik (Hästeskofabrik, sko=Schuhe). Diese alte Fabrik mit hohem Schornstein lag mitten in Broby, gebaut für eine große Anzahl Schmiedearbeiter. Nun hatte man sie modernisiert und alles ging maschinell mit Stanzen vor sich, sodass nur 2 Arbeiter für die Herstellung nötig waren. Als Lagerverwalter, der die Hufeisen zu sortieren und für die Expedition fertig zu machen hatte, wurde ich eingestellt. Doch Pferde wurden jetzt überall durch Traktoren ersetzt, sodass auch dort für mich keine Zukunft lag. Ich wollte aber gern hier weiterleben mit all meinen Freunden und dem Orchester. Zu meinem Arbeitsvertrag gehörte auch die Nutzung einer Dienstwohnung. So mussten wir zwar Abschied nehmen von unsrer nächsten Nachbarschaft, aber wir freuten uns über die kleine 3-Zimmerwohnung und unsre neuen Nachbarn, Josef und Birgit Brännborn mit ihren Kindern. Jenni wollte weiterhin zuhause bleiben. Sie hatte 2 sehr geschickte Hände und konnte gut nähen.

Natürlich hatten wir während unsrer Zeit in Schweden recht gute Postverbindung mit meinen Eltern in Afrika und meiner Schwester in Jerusalem. Weder sie noch ich hatten die Absicht zu den Eltern in ein Land zu ziehen, dessen ungerechte Behandlung der schwarzen Bevölkerung bald Kämpfe gegen die Weißen nach sich ziehen würde.

In Jerusalem fanden die ganze Zeit über Kämpfe statt gegen die Briten und Araber, die die Juden am liebsten alle ermordet hätten. Jenni und ich hatten in Schweden dieselbe Lebensqualität wie die Einwohner des Landes und wollten dies Stück Paradies nicht gern aufgeben. Dennoch blieb unser aller Wunsch, wieder als Familie vereint zu sein.

Jeder hatte sich ein neues Leben aufbauen müssen und es auch geschafft. Es würde für jeden von uns schwer werden, in einem neuen Land wieder von vorn anzufangen.

Bei uns spielte noch ein wichtiger Faktor mit, denn wir erwarteten noch ein Kind. Am 10. März 1949 kam unser Sohn Rolf zur Welt, und zwar wieder im Krankenhaus in Kristianstad. Erneut kümmerten sich unsre Freunde, Familie Rülf, sehr um Mutter und Kind. Auch boten sie an, dass sie die Beschneidung bei sich zuhause durchführen wollten. Dafür waren wir sehr dankbar. Jenni konnte noch einige Tage im Krankenhaus bleiben. So brauchte sie mit dem Neugeborenen nicht so viel mit der Eisenbahn hin und her zu fahren.

Der Arbeitswechsel vom Glas zum Eisen gelang sehr gut, besonders durch die geschickte Einführung seitens meines Vorgängers.

Etwa im Herbst 1949 schrieben meine Eltern, sie hätten sich entschlossen, in Bulawayo alles aufzugeben, um mit Sack und Pack nach Jerusalem zu ziehen. Sie wollten damit den Anfang einer Familienzusammenführung setzen. "Denn schließlich passt es nicht, als Großeltern auf einem andern Erdteil zu wohnen als Kinder und Enkel." Als Antwort sandte ich ihnen mein vollstes Einverständnis mit dieser Heldentat. Doch ich wollte noch das nächste Weihnachtskonzert in Broby mitspielen, für das wir gerade zu üben angefangen hatten.

Israel

Wieder hatten Jenni und ich Diskussionen über unsern Einsatz bei der Wiedervereinigung der Familie. Ausschlaggebend war dann ein eingeschriebener Brief der Firma Dieden, der meine Kündigung für den nächsten Monat aussprach. Für mich war ganz klar, dass es sich hier um eine Art Dreyfuss-Affäre handelte, diesmal nicht in Frankreich sondern in Broby. Nach Rücksprache mit meinen Freunden meldete ich diese unbegründete Kündigung der Gewerkschaft, die mir versprach, die Sache zu untersuchen. Das endete in einem Gerichtsverfahren. Dabei stellte sich heraus, dass unser Schweißer Hansson, der Nazi gewesen sein soll, unserm Chef Lügen erzählt hatte, was ich über ihn gesagt haben sollte. Jedenfalls habe ich die Kündigung angenommen, aber die Hufeisenfirma musste mir als Strafe 3 Monate Gehalt zahlen. Auf diese Weise konnte ich unsre Ausreise aus Schweden organisieren sowie die Einreise in den altneuen Judenstaat Israel.

Auch fand ich so die nötige Zeit, meinen Akkordeon-Schülern einen neuen Lehrer zu suchen. Ebenfalls konnte ich unsre Möbel vorsichtig auseinander nehmen und in eine Riesenkiste packen.

Dann hatten wir das letzte Weihnachtskonzert und einige Abschiedspartys. Es hatte sich schnell herumgesprochen, dass Brobys jüdische Familie die Stadt verlassen wollte. Doch gefiel es allen gut, dass unsre Familie sich nach 12 Jahren Trennung in 3 Erdteilen in Israel wieder vereinigen wollte. Auf diese Weise war der Abschied nicht allzu traurig.

Die zionistische Organisation hatte den Transport für uns als Familie übernommen. Uns wurden 4 Formulare zugesandt. Jedes davon hatte 4 Seiten mit unserm Passbild auf der Vorderseite, die gleichzeitig als Pass für Staatenlose diente. Innen waren alle möglichen Gesundheitsfragen, die von einem Arzt ausgefüllt werden mussten. Wir erhielten auch viele verschiedene Schutzimpfungen.

Dann nahmen wir Abschied von allen guten Freunden und Nachbarn. Damals, vor über 50 Jahren, war es für einen gewöhnlichen Menschen undenkbar, dass er sich eine so weite Reise erlauben könnte. Daher empfanden wir diese Reise als Abschied für das ganze Leben. Kein Mensch hätte damals geglaubt, dass später über 35 Reisegruppen und viele Einzelne aus Broby nach Jerusalem reisen würden. Viele davon waren einige Male bei uns.

Als wir am 21. März 1950 mit dem Kinderwagen, Handgepäck und beiden Kindern zum Bahnhof Broby kamen, war dort eine Menschenmenge versammelt, die sich von uns verabschieden wollte. Am nächsten Tag wurde von unsrer Abreise nach Israel in den Zeitungen berichtet, dass auf Brobys Bahnhof niemals zuvor eine solche Anzahl von Menschen versammelt waren und dass es keine trockenen Augen gegeben habe. Übrigens erging es uns auch nicht besser.

So fuhren wir einander zuwinkend aus dem Bahnhof, nachdem Herr Stridsberg, unser Konzertmeister und Stationsmeister, sein ‚Zepter' erhoben hatte. Unser Ziel war der Flughafen von Bromma bei Stockholm, wohin wir von der zionistischen Organisation beordert worden waren. Von dort hatten wir ein Flugbillet nach Marseille bekommen. Wir flogen mit einem der größten Flugzeuge der damaligen Zeit. Es hatte 4 Propeller. Wir waren zwischen 60 und 70 Passagiere. Um die Mittagszeit kamen wir in Marseille an. Ein Autobus brachte uns zu einem feinen Hotel im Zentrum. Man bat uns, doch vorläufig noch nicht hineinzugehen, es wäre noch nicht alles in Ordnung.

Im Gegensatz zu Schweden herrschte hier schönes sonniges Wetter. Da es nicht kalt war, warteten wir geduldig. Nur Rolf gefiel es nicht so richtig in seinem Kinderwagen.

Auch diese 2 Stunden gingen vorbei. Doch dann kam es!

Wir mussten uns und unsre Sachen auf einen großen offenen Lastwagen hinauf schaffen - und damit hörte unsre Reise als Menschen auf. Alles Folgende war im Rahmen eines elenden Flüchtlingstransportes zu verstehen und auszuhalten. Der Lastwagen setzte sich in Bewegung und verließ die Stadt. Wir versuchten unsre Kinder vor dem schrecklichen Fahrtwind zu schützen. Wir waren ganz sicher zu verwöhnt, aber vor Wut zähneknirschend und vor Kälte zähneklappernd.

Endlich blieb der Lastwagen stehen in einer Ruine, die einmal das Schloss von Napoleon gewesen war, aber seitdem - vermutlich aus Pietätsgründen - nicht mehr gereinigt worden war. Da es inzwischen schon anfing zu dunkeln, konnten wir nicht mehr richtig sehen, denn Beleuchtung gab es dort auch nicht. Alle Riesenöffnungen, die wohl einmal Fenster gewesen waren, waren gefüllt mit Gestalten, mit Köpfen von zumeist Farbigen, die man uns als jüdische Menschen aus dem Jemen und verschiedenen afrikanischen Staaten vorstellte. Als man uns für die Neuankömmlinge aus Schweden einen Schlossraum anwies mit auf dem Boden liegenden schmutzigen Matratzen, waren wir nicht bereit, uns darauf zu legen. Da das Abendessen lange vor unsrer Ankunft ausgeteilt worden war, erhielten weder wir noch unsre Kinder etwas zu essen. Wir verlangten den Leiter des Flüchtlingslagers zu sprechen, der natürlich nicht im Lager war und auch nicht kommen wollte. Sein Stellvertreter meinte: "Alles, was euch stört, könnt ihr selber ändern. Habt ihr Geld, könnt ihr ein Taxi nehmen und zurück nach Marseille fahren." Geld hatten wir natürlich nicht und sowieso kein französisches. Also blieben wir. Doch konnten wir uns trotz Müdigkeit nicht auf die Matratzen legen. Wir bemühten uns, ein Stück Fußboden zu reinigen und legten uns einige Stunden zum Schlafen nieder. Wir waren beleidigt und total unglücklich.

Von den Leuten, die schon dort waren, hörten wir, dass sie schon einige Wochen so hausten und bisher vergeblich auf einen Transport nach Israel gewartet hatten. Wir Schweden beschlossen, uns am nächsten Tag mit dem schwedischen Botschafter in Verbindung bringen zu lassen. Falls sie nicht dazu bereit wären, würden wir es durch die Polizei versuchen. Auf keinen Fall wollten wir in diesem Schmutz mit unsern Kindern noch eine Nacht oder mehrere Nächte bleiben.

So verlangten wir von dem Leiter, uns entweder zurück nach Schweden oder zu einer sauberen und menschenwürdigen Unterkunft zu schicken. Beides lehnte er ab. Das Einzige, was er uns versprechen konnte war, uns wenige Schweden am folgenden Morgen mit einem Schiffstransport nach Israel mitzuschicken, ohne zu berücksichtigen, dass wir gerade erst angekommen waren. Es warteten nämlich Tausende Leute schon länger als wir. So nahmen wir dies Versprechen an und reinigten den Fußboden noch besser in unserm Schlossgemach, damit wir dort liegen konnten in der letzten Nacht. Kleider konnten wir natürlich nicht wechseln. Dazu war kein Platz, von Toilettenbenutzung ganz zu schweigen.

Am nächsten Morgen wurden wir nach einem sehr mageren Frühstück wieder auf einem Lastwagen zum Hafen verfrachtet. Unser Schiff war ein kleines Frachtschiff mit 3 Ladedecks, die in der ganzen Länge und Breite des Schiffes mit doppelten Eisenbetten in 3 Etagen ausgestattet waren. Zwischen jeder Doppelbettreihe war ein ca. 50 cm breiter Gang. Wir waren also ungefähr 1500 Menschen in dieser Nussschale. Alle schwedischen Passagiere waren im Mitteldeck untergebracht, aber mit uns noch einige Hundert aus afrikanischen Ländern.

Die Frischluftröhren konnten es nicht schaffen, den Gestank zu entfernen. Sobald wir auf hoher See waren, schaukelte das Schiff. Viele mussten sich übergeben, aber niemand machte den Versuch, irgendetwas wieder sauber zu machen. Keiner war dazu imstande. Wir durften nur eine halbe Stunde täglich an Deck kommen, denn für längere Zeit war da oben kein Platz. Ich wurde an das Lied "Eine Seefahrt, die ist lustig, eine Seefahrt, die ist schön"... erinnert. Trotzdem kamen wir am 31. März 1950 in Haifa an. Bereits frühmorgens konnten wir in der Ferne den Karmelberg sehen. Wir erinnerten uns nicht, ob wir 6, 7 oder 8 Tage unterwegs gewesen waren. Es war eine so grausame Fahrt, aber als wir den Karmelberg sahen, war alles vergessen. Die letzte Stunde vor dem Anlegen in Haifa waren fast alle an Deck. Keiner wurde mehr hinunter gejagt. Einige waren aber schon so schwach, dass sie gar nicht mehr aus dem Bett aufstehen konnten.

Direkt vom Schiff wurden wir in Haifa in ein großes abgeschlossenes Auffanglager ‚Shar HaAliya' (Tor der Einwanderung) gebracht, wo wir die ersehnte ärztliche Untersuchung vor der Einweisung ins nächste Lager erhalten sollten. Man wies uns ein kleines Zimmer in einem kleinen Holzhaus mit 5 gleichen Räumen zu. Schon fühlten wir uns irgendwie wieder als Menschen. Nach der ärztlichen Überprüfung wurden wir als gesund erklärt. Der diensthabende Arzt kontrollierte nur in unseren Pass-Papieren unsre Schutzimpfungen. Damit waren wir bereit zum Verlassen des Lagers. Wir standen vor einem Riesenraum ein paar Stunden Schlange, bevor wir zu einem von 10 Beamten an einem kleinen Tisch gelangten. "Wir machen es kurz: Ihr seid ein junges Paar, das in Dänemark auf Hachscharah (Landwirtschaft) war. Ihr müsst in einen Kibbuz nach Galiläa oder wollt ihr in einen Moshav (Gemeinschaftsdorf)?" Ich erklärte ihm, dass meine Eltern und Schwester sich vor kurzem nach 12jähriger Trennung in Jerusalem wiedergetroffen hatten.

Wir seien daher ins Land gekommen, um alle wieder zusammen leben zu können. Also müssten wir nach Jerusalem! "Das geht leider nicht. Wir haben in Jerusalem keinen Platz für Olim (Neueinwanderer). Überlegt euch, was ihr tun wollt. Der Nächste bitte!"

Das sah absolut nicht gut aus. Nun konnten wir bis zum nächsten Tag diskutieren . Doch als wir zu unserm Zimmer kamen, wartete dort eine Frau mit der Nachricht, dass Jennis Tante Grethe uns am Eingang des Lagers sehen wollte. Wer war Tante Grethe? Jennis Mutter hatte als Kind eine liebe Freundin. Beide Mädchen heirateten 2 Freunde und wohnten in Berlin dicht beieinander. Beide Paare bekamen je eine Tochter, Jenni und Marion. Sie waren zwar nicht verwandt, aber sehr verbunden. Wir mussten mit Tante Grethe durch den Drahtzaun sprechen, denn wir waren noch im Quarantänelager. Doch wir freuten uns riesig über ihren Besuch und richteten auch Grüße an meine Familie in Jerusalem aus. Es tat gut, auf einmal nicht mehr allein zu sein.

Gleich am nächsten Tag gingen wir wieder zu einem der Tischbeamten, der kurz und bündig sagte: "Wenn ihr nicht in einen Kibbuz wollt, müsst ihr nach Beer Sheva oder nach Safet. Jerusalem ist total besetzt. Entscheidet euch schnell, denn ab morgen Mittag bekommt ihr kein Essen mehr. Wir brauchen euren Platz morgen früh für neue Olim." Wir wählten also Safet, denn Beer Sheva war als Hauptstadt der Wüste für uns Skandinavier bekanntlich viel zu heiß. Doch ganz früh am Morgen wurden wir geweckt und man teilte uns mit, wir würden in ein neueröffnetes Lager in Haifa überführt. Das war aber genau der Tag, an dem das jüdische Osterfest begann. Wir sollten sofort umziehen und bekämen dort auch das Frühstück. Also eilten wir mit unsern Kindern, Kinderwagen und Handgepäck zu einem Lastwagen und wurden zum südlichen Teil von Haifa in ein offensichtlich neues Lager gefahren. Wir erhielten ein besseres Zimmer, waren sehr zufrieden und eilten weiter, um unser Frühstück zu holen. Mit Rolf auf dem Arm standen wir wieder Schlange. Endlich bekamen wir alle einen Teller mit einem großen halben Salzheringsfilet, 4 kleinen Tomaten, 6 kleinen grünen Zwiebeln, 2 hartgekochten Eierhälften und 3 Scheiben Matzen (ungesäuertes Brot). Ich fragte Jenni, was unser einjähriger Sohn davon essen dürfe. "Überhaupt nichts!" Der austeilenden älteren Dame sagte ich höflich: "Mein Sohn ist erst ein Jahr alt und kann von diesen guten Sachen noch nichts essen!" "Wir haben aber nichts anderes." war die Antwort. Ich erwiderte, wenn man von meinem Sohn verlange, Salzhering zu essen, würde er auch eine Flasche Wodka brauchen, um es hinunter zu spülen. Sie guckte mich ungläubig an, aber dann begann sie langsam zu verstehen, was ich meinte. Das neue Lager war auf jüdische Osterkost eingerichtet, aber überhaupt nicht auf Babykost. Daran hatte niemand gedacht! Daraufhin musste man jemand in ein arabisches Geschäft in Haifa senden, um extra für Rolf Sinnreich Babynahrung zu kaufen. Nach 2 Stunden erhielt auch Rolf etwas zu essen. Am Abend saßen wir mit allen Neueinwanderern im Esssaal und feierten mit einem Rabbiner Pessach, den Sederabend, den die Christen unter dem Namen ‚Das letzte Abendmahl' kennen.

Die Tischbeamten hatten am nächsten Tag frei. Am Tag darauf hatte nur einer Dienst. Wir gehörten zu den wenigen Neueinwanderern, die in der Osterwoche umziehen wollten. Als wir an der Reihe waren, ging alles ziemlich schnell. Jenni und ich hatten beschlossen, wegen des Klimas nach Safet zu gehen. Der Beamte: "Geht nicht, dort ist kein Platz mehr. Wenn ihr nicht nach Beer Sheva wollt, müsst ihr nach Jerusalem!" brüllte er. Ich setzte ein trauriges Gesicht auf und nahm zögernd an. Am nächsten Morgen wurden wir mit einer weiteren Familie auf einem kleinen Lieferlastwagen nach Jerusalem gebracht direkt in ein großes Flüchtlingslager in Talpiot, ein ehemaliges Militärlager der Briten. Wir hatten es geschafft! Wir waren in J e r u s a l e m ! ! !

Gemeinsam mit der anderen Familie wurde uns ein großer Raum zugewiesen, der mit Schnüren und Decken in Einzelabteile geteilt werden sollte. Die Wände und das Dach dieses Hauses waren aus Wellblech. Schon in Haifa hatten wir eine fürchterliche Fönwelle mit Temperaturen von 30-35 Grad Celsius erlebt. In Jerusalem war es jedenfalls nicht weniger heiß. Das war unter dem fast schon glühenden Wellblech sehr schwer zu ertragen. Schlimm wurde es für Rolf. Er wurde immer apathischer, hatte hohes Fieber. Auch wir anderen fühlten uns mit jedem Tag schlechter.

Schon am ersten Tag kamen meine Eltern und Schwester uns besuchen und erschraken über unser Aussehen. Sie fanden heraus, dass es im Lager eine Krankenstube und einen Arzt gab, den wir am nächsten Tag aufsuchten. Man nahm von uns allen Blutproben. Rolf wurde besonders gründlich untersucht und sofort in eine ehemalige Villa eingewiesen, die als Krankenhaus für das Lager eingerichtet war. Bei uns anderen wollte der Arzt noch die Ergebnisse der Blutproben abwarten. Bereits nach 3 Tagen wurden auch wir dorthin befohlen. Wir lagen in 4 verschiedenen Zimmern. Es gab Tage, wo wir so schwach waren, dass wir uns nicht besuchen konnten. Meine Beine waren z.B. um 23 kg erleichtert worden, seit wir Broby verlassen hatten. Das wurden meine längsten Tage und Nächte, die ich jemals in Israel erlebt habe! Wir alle hatten mehrere Krankheiten auf einmal, vermutlich auf dem Schiff eingefangen. Unter anderem hatte man bei mir eine Malaria festgestellt, für deren Behandlung ich täglich eine Menge Tabletten schlucken musste.

All das spielte sich Mitte April 1950 ab. Der Arzt sagte zu meinem Vater und zu meinem Schwager: "Wenn das alles stimmt, was man über die Antibiotika sagt, wäre es das einzige Mittel, was das Leben des kleinen Rolf retten könnte." Als mein Schwager am nächsten Tag in sein Büro in einer großen pharmazeutischen Fabrik kam, besprach er das mit einem Arzt. Dieser kontrollierte alle Muster von neuen Medikamenten. Er fand eine Flasche Aureomycin und brachte sie meinem Schwager mit den Worten: "Hier ist seine Rettung." Sofort überbrachte mein Schwager die Medizin Rolfs Arzt - und siehe da, Rolf ging es besser mit jedem Tag. Nach ungefähr einem Monat wurde er aus dem Krankenhaus entlassen. Da aber seine Eltern noch im Krankenhaus lagen, kam Rolf zu Tante Erika und meistens wohl zu Großmutter Sofi. Doch er war sehr schwach und redete nicht mehr. Trotzdem gelang es den Damen, den Jungen wieder aufzupäppeln. Die nächste, die entlassen wurde, war Jessi. Bei ihr war es schlimm. Auch sie kam zu Tante Erika. Jessi war 6 Jahre alt und sprach perfekt schwedisch. Doch keiner in ihrer Umgebung konnte sie verstehen. Das gab viel Geheul auf beiden Seiten. Die Situation verlangte, dass Jessi schnellstens deutsch lernen musste. Das war unsre gemeinsame Sprache, denn auch die Kinder meiner Schwester sprachen zuhause deutsch.

Jenni wurde etwa 2 Wochen später entlassen. Mit mir war es schlimmer. Als nach einem Monat bei mir keinerlei Besserung eingetreten und ich mehrmals ohnmächtig geworden war, bestand der Arzt darauf, mich in ein richtiges Krankenhaus zu verlegen. Man brachte mich ins Bikur-Cholim-Krankenhaus. Dort lag ich noch einen langen Monat. In dieser Zeit wurde unser Flüchtlingslager zu einem Übergangslager erklärt, was bedeutete, dass die Menschen sich Arbeit verschaffen und entweder das Essen bezahlen oder sich selbst versorgen müssen. In diesem Lager waren ca. 10.000 Menschen untergebracht, die sich nun von einem Tag auf den andern Arbeit suchen mussten. Es handelte sich um ca. 4000 Arbeitsplätze, die man in der damaligen Kleinstadt Jerusalem, die noch dazu durch eine Mauer geteilt war, finden musste. Man half den Leuten sehr bei der Suche. Ich lag zu dieser Zeit noch im Bikur Cholim, doch ohne Aussicht auf eine nahe bevorstehende Entlassung. Als ich endlich meine Bescheinigung ,als geheilt entlassen' bekam und mich auf Gummibeinen nach Hause schleppte, zerbrach ich mir den Kopf, wo ich jetzt noch Arbeit finden sollte, nachdem 4000 Menschen alles abgeklappert hatten.

Gleich am nächsten Tag ging ich zu der neu eingerichteten Arbeitsvermittlung: Ich sollte auf ein Lastauto warten, das mit mir und anderen 24 Kandidaten zur Vorstellung für eine Arbeit in einer im Bau befindlichen Schuhfabrik fahren sollte. Es war spannend zu erfahren, ob man uns für die Bauarbeiten oder für die Anfertigung von Schuhen brauchte. Jenni war so vorausschauend, dass sie all meine Zeugnisse zusammengesucht und mir mitgegeben hatte. Als wir ankamen, sahen wir ein riesiges zweistöckiges Gebäude, das vorläufig ohne Mauern auf seinen Stützpfeilern stand, angefüllt mit Baumaterialien, Abfall und einer Menge großer und kleiner Kisten. Sehr beeindruckend war der riesige Saal in der unteren Etage. Wir mussten warten, weil alle einzeln befragt wurden. Nur zwei sollten ausgewählt werden, und zwar als Nachtwächter. Als ich an der Reihe war, erklärte man mir, man rechnete mit der Fertigstellung in ca. 2 Monaten. Dazu brauchte man 2 Nachtwächter, die von 17 bis 7 Uhr früh auf die bereits in Kisten liegenden Maschinen wie auch Leder und alle anderen Materialien aufpassen sollten. Alles ging auf englisch vor sich, da die Fabrik eine Filiale der American Shoes Company war. Als der Amerikaner, der mich prüfte, meine Zeugnisse sah, fiel ihm das schwedische Zeugnis der Häste-Sko-Fabrik auf. Er fragte mich, ob das eine Shoefactory war. Ich bejahte, während er sich Notizen machte, dass ich bereits Erfahrungen in einer Schuhfabrik als Lagerverwalter hatte. Das war wohl der Grund, dass ich einer der zwei Nachtwächter wurde.

Am nächsten Tag bei unserm Arbeitsbeginn wartete schon ein Amerikaner auf uns, um die Arbeitsregeln zu erklären. Wir erhielten jeder eine Stempelkarte. Genau um 17 Uhr steckte er meine Karte in eine Uhr und ging dann mit mir zur nächsten Uhr, um auch dort meine Karte zu stempeln. Es waren mindestens 8 Uhren, in die man den Zeitpunkt bei jedem Rundgang um den Saal stempeln musste. Wenn der Erste die Mitte der Runde erreicht hatte, musste der Zweite dieselbe Runde antreten, sodass wir erstens die 14 Arbeitsstunden ohne Unterbrechung patrouillieren mussten und zweitens nie miteinander sprechen konnten. Das ist typisch amerikanisch! Wir waren durch die Uhren so kontrolliert, dass wir gezwungen waren, jede Nacht ohne Pause zu patrouillieren, wenn wir unser Geld verdienen wollten. Wir waren schließlich auf das Geld angewiesen. Wenn ich in den 2 Monaten um 8 Uhr morgens nach Hause kam, hatten sowohl meine Frau und Kinder, als auch die andere Familie ausgeschlafen. Sie waren natürlich sehr munter. Doch etwas Schlaf habe ich schon bekommen, so müde wie ich war!

Das Schlimmste war allerdings mein Gesundheitszustand. Als ich aus dem Krankenhaus entlassen wurde, wog ich 48 kg. Dieser Zustand half mir aber, die Lagerleitung dazu zu bewegen, dass wir ein Zimmer für uns allein bekamen. Auch im Jerusalem-Talpiot-Lager hatte man neue Holzhäuser erhalten. In jedem waren 5 einzelne Zimmer. Da unsre Tür die letzte war, habe ich bei uns die Eingangsstufen einfach zugebaut, mit Fenster und Tür versehen und für Jenni als Küche eingerichtet. Dadurch hatten wir eine etwas größere Wohnung und durch die neue Tür einen eigenen direkten Aufgang.

Zwei Tage, bevor die Fabrik fertig gebaut war, wurde mir mitgeteilt, dass der Personalchef mich zu sprechen wünschte. Er bat mich, da ich schon in einer ‚Schuhfabrik' als Lagerverwalter gearbeitet hatte, in der neuen Fabrik die Lagerverwaltung der Oberleder-Abteilung zu übernehmen. Damit war ich sehr einverstanden, bedeutete es doch eine Gehaltserhöhung. O Wunder, ich hatte eine richtige Arbeit gefunden! Auch war ich nicht ängstlich über den ‚schwedischen' Irrtum, denn ein Lagerverwalter kann diese Arbeit in jeder Branche übernehmen, wenn er richtig ausgebildet ist. Das war ich durch meine Lehrfirma Schachmann in Berlin.

Als wir nach 12jähriger Trennung das erste Mal meine Eltern, Schwester und Schwager trafen, schärften sie uns verschiedene Regeln ein: Wir durften niemand sagen, dass ich schon Familie in Israel hatte. Sonst würde man die Familie zwingen, alle Ausgaben des Staates für die Neueinwanderer zu übernehmen. Dazu waren sie aber nicht in der Lage. Ferner gab es ein Rationierungssystem für alles Essbare, sogar Kleidung,

Stoffe und dergleichen. Die Bons für Lebensmittel waren für eine Woche datiert. Was man in dieser Woche nicht kaufen konnte, verfiel. Auch gab es keine Garantie auf den Erhalt der Waren, die auf den Bons standen, wenn die Geschäfte mit diesen Waren zu wenig oder gar nicht beliefert wurden, was sehr oft geschah. Diese Dinge waren sehr wichtig zu wissen.

Mein Vater erzählte mir, dass er viele von seinen Maschinen mitgebracht und auch schon eine Werkstatt gemietet hatte. Er wollte aber erst abwarten, ob er vielleicht eine Anstellung als Ingenieur kriegen konnte. Jedenfalls hatte er Platz für unsre Sachen und Möbel, sobald diese ankommen würden. Das war das schönste von all unsern Gesprächsthemen. Als unsre große Kiste ankam, dirigierten wir sie direkt in die Werkstatt meines Vaters, die am Niemandsland in einem kleinen Stadtteil neben dem Jaffator lag. Dort waren im Befreiungskrieg 1948/49 schwere Kämpfe gewesen. Das sah man an den Einschusslöchern in den Hauswänden. Später baute ich aus unsrer großen Kiste ein Regal, sodass wir Kleider, Wäsche und alle andren Sachen leichter finden und ordnen konnten. Wenn wir Kleidung wechseln wollten, mussten wir zur Werkstatt fahren. Mit dem Zusammenleimen der Möbel hatte es keine Eile, denn wir sahen gar keine Möglichkeit, eine eigene Wohnung zu erhalten. In den ersten 2 Jahren der Existenz Israels hatte sich die Einwohnerzahl auf mehr als das Dreifache erhöht. Da war eine leere Wohnung nur ein Traum.

Meine neue Arbeit unter amerikanischer Leitung war sehr abwechslungsreich, aber anstrengend. Ich fühlte, dass man mit mir zufrieden war. Als Verwalter des Oberleders versorgte ich 22 Zuschneider, die sowohl mit der Hand zuschneiden, als auch mit der Stanze arbeiten mussten. Alle Arbeiter waren Neueinwanderer, die versuchten, sich eine neue Zukunft aufzubauen. Eines Vormittags kam einer der Chefs zu mir und teilte mir mit, er habe per Telefon eine Nachricht erhalten, ich solle sofort mit den Schlüsseln zu unsrer Werkstatt kommen. Dort sei ein Großbrand entstanden. Die Feuerwehr könne ihn aber nicht löschen, weil sie nicht hineingelangen könne. Von unsrer Fabrik in Romema bis zum Stadtteil Mamila würde es sogar per Taxi eine halbe Stunde dauern. Trotzdem machte ich mich sofort auf den Weg. Als ich ankam, hatten sie doch schon alles gelöscht, aber noch nicht zum näheren Ansehen freigegeben. Die Polizei hatte bereits ermittelt, dass Funken in einem offenen Feuer in der Eisengießerei nebenan durch ein Wandloch den Brand in unsrer Werkstatt ausgelöst hatten. "So, der Rest ist eure Sache oder die der Versicherung, falls ihr eine habt." Damit zogen alle wieder ab.

Als es der Rauch einigermaßen zuließ, machten wir eine kleine Untersuchung und sahen, dass die Maschinen zwar pitschenass waren, aber keine Schäden erlitten hatten. Dagegen war das schöne Regal, das ich so gut gebaut hatte, beinahe restlos verbrannt samt aller Kleidung und Bettwäsche wie auch der Holzteile der auseinander genommenen Möbel. Die einzige Lehre, die ich daraus zog, war: Man soll niemals vorsorgen und vom Munde absparen für eine spätere Zeit, auch wenn es sich um eine Rückkehr nach 2000 Jahren handelt. Es kommt doch anders, als du denkst!

Okay, sagten Jenni und ich zuhause, dann fangen wir halt wieder von vorn an. Wir sind es ja gewöhnt! Später lehnte es die Versicherung ab, etwas zu bezahlen, denn es waren nur die Maschinen versichert.

Jessi war inzwischen eingeschult worden und musste jetzt zweisprachig leben. Schwedisch sprach sie nur in Träumen und vergaß diese Sprache mehr und mehr, während sie anfing, deutsch und hebräisch zu verwechseln. Für ihre Lehrerin, die vermutlich kein Deutsch verstand, war das sicher schwer. Rolf begann auch langsam sich zu erholen, hatte aber große Schwierigkeiten mit dem Appetit. Jennis größter Verdruss war das Schlangestehen am Wasserhahn, denn es gab nur jeden Vor- und Nachmittag je 2 Stunden Wasserbelieferung in Jerusalem. Da standen im Lager die Leute schon 2 Stunden vorher mit allen Eimern und warteten ungeduldig auf das Laufen des Wasserhahns. Es konnte auch passieren, dass das Wasser aufhörte zu fließen, bevor man an der Reihe war. Dann hatte man eben kein Wasser. Wenn man in einem Flüchtlingslager lebt, gilt es sich darauf zu konzentrieren, wie man die neuen Schwierigkeiten am besten meistern kann. Wichtig ist nur, dass man alles mit Humor nimmt, wenn auch nur mit Galgenhumor, und alles wie ein nasser Hund sofort abschüttelt. Nur dauert es seine Zeit, bis man diese Reife erlangt hat.

Wir waren überhaupt gezwungen, unser Leben unter den schlimmsten und primitivsten Bedingungen zu führen, die wir jemals durchlebt hatten, sowohl pekuniär als auch sanitär. In der ganzen Welt war man erschüttert über das Leben der Araber in den Flüchtlingslagern der arabischen Länder, die gegen den Willen des Staates Israel dorthin geflüchtet waren, aber unter Druck und Drohung eben dieser Länder. Doch niemand sprach von den Flüchtlingslagern der in ihr Land zurückgewanderten Juden in Israel. Wir selbst empfanden es nicht als so schlimm, da wir von vornherein damit gerechnet hatten, dass unser Anfang im altneuen Land sehr schwer sein würde. Auch versuchten wir immer sofort eine gute Seite an jedem neuen Übel zu finden. Nach all diesen Aufregungen passierten auch wieder wohltuende Ereignisse.

So wurde ich eines Tages zum Schuh-Direktor gerufen. Er teilte mir mit, dass ich von jetzt an die ganze Oberleder-Abteilung als Abteilungschef zu leiten hätte. Dazu stellten sie mir einen neuen Lagerverwalter und eine Sekretärin und gaben mir eine Gehaltserhöhung. Mittlerweile waren wir etwa 8-9000 Menschen im Lager. All meine Zuschneider lebten auch hier. Wir lernten uns näher kennen. So entstand eine gute Atmosphäre in unsrer Abteilung. Doch das harte amerikanische System im Umgang mit Mitarbeitern schockierte uns. Dazu kam, dass die Fabrik nicht genug Leder beschaffen konnte. Man konnte es nur im Ausland kaufen. Das bedeutete, es musste in Dollar bezahlt werden. Devisen aber hatte man in Israel kaum. So begann man unbezahlte Ferien einzuführen, 2 Wochen Ferien, 3 Wochen Arbeit, 1 Woche frei. Das wiederholte sich den ganzen Sommer 1951. Da fing ich an, mich nach anderer Arbeit umzusehen, denn für die Fabrik sah ich keine gute Zukunft.

Ich erinnerte mich an die Schallplatte vom Polizeiorchester, die ich in Kristianstad gehört und von der ich nachher geträumt hatte. Irgendjemand hat mir erzählt, es gebe nur dieses eine, und das sei in Jerusalem stationiert. Man probte über der Polizeistation neben dem Markt ‚Mahane Jehuda'. In den unfreiwilligen Ferien bin ich eines Tages dorthin gegangen und habe bei einer Probe zugehört. Dabei habe ich einen meiner besten Freunde kennen gelernt, Jehuda Polacek, der mich ermutigte, mich um die Aufnahme ins Orchester zu bewerben. Das Orchester fungierte in der Polizei noch aus der englischen Mandatsregierung als feste selbständige Einrichtung. Der Dirigent und oberste Offizier war Herr Gribov. Anfang 1950 hatte man im Zuge von Einsparungen bei der Polizei das Orchester aufgelöst. Doch nach einem Jahr stellte man fest, dass ein Polizeiorchester für das Land notwendig sei und versuchte, es wieder auf die Beine zu stellen. Das war aber nicht so ganz einfach, weil es unter den Juden nicht genug Bläser gab. Doch ein Polizeiorchester kann nicht nur mit Geigern und Klavierspielern arbeiten. Also riet mir mein neuer Freund Polacek: "Jetzt hast du deine Chance!" Daher ging ich zu Herrn Gribov und bot mich an. Aber die beiden Plätze für Saxofonisten waren besetzt. Wenn ich Klarinette spielen könnte, wäre er interessiert. Als guter Klarinettist bot Polacek mir an, mich zu unterrichten. Nach 2 Monaten sollte ich zum Probespielen kommen. Mit einer geliehenen Klarinette wurde ich Schüler von Polacek.

Im selben Sommer 1951 erfuhren wir, dass man in Gonen, damals der südlichste Teil von Jerusalem, neue Häuser für Einwanderer baute. Um das vorhandene Baumaterial bestmöglich auszunutzen, baute man ausschließlich Einzimmerwohnungen. Das war damals schön wie ein Traum! Schnell liefen wir zur Besichtigung und stellten fest, dass diese Wohnungen bald bezugsfertig waren. Wir rannten weiter zum Verkaufsbüro und erfuhren Bedingungen und Preis. Mit Hilfe meines Schwagers fanden wir heraus, dass es mit einer Bankanleihe, die er bereit war zu garantieren, mit viel Glück und größter Sparsamkeit möglich wäre, eine solche Wohnung zu kaufen. So wurden wir Anwärter einer eigenen Einzimmerwohnung in Gonen.

Mitte August 1951 war für uns ein historisch wichtiger Zeitpunkt: Wir zogen in unsre neue Wohnung ein und ich wurde vom Dirigenten Gribov ins Orchester aufgenommen. Am 1. September 1951 begann meine neue Arbeit bei der Polizei. Dorthin ging ich schon von unsrer neuen Wohnung in Uniform, sehr zum Ärger meines Vaters, der Polizisten zum Pöbel rechnete. Die neue Wohnung bot nicht viel mehr Platz als bisher. Die Vorteile lagen darin, aus dem Lager mit fast 10.000 Menschen herauszukommen, eigene Dusche und WC zu haben und das ärgerliche Gerangel beim Anstehen nach Wasser nicht mehr ertragen zu müssen. Jede Wohnung hatte auf dem Dach einen großen Wasserbehälter, der sich zweimal täglich mit Wasser füllte. Wenn die Sonne schien, erwärmte sich das Wasser zum Duschen.

Meine Schwester wohnte mit ihrer Familie im Stadtteil Rehavia, wo die meisten der aus Deutschland ausgewanderten Juden sich ihre Häuser selbst bauen mussten. Fast alle in den Jahren 1932-33 aus Deutschland eingewanderten Juden waren Akademiker mit Doktorgrad. Nun war ihr Dilemma: Wie baut man ein Haus? Man beschaffte sich Fachbücher für Häuserbau und studierte diese. Nach einigen Monaten war man so weit, dass man beginnen konnte. Spaziergänger in dieser Zeit hörten vom hohen Rehavia-Berg ein merkwürdiges Geräusch. Neugierige sahen oben eine Kette von ca. 30 trotz der Hitze gut gekleideten Herren mit Jacke, Hut, Schlips und Handschuhen, die sich die Bausteine zureichten und dabei sagten: "Bitte schön, Herr Doktor", "Danke schön, Herr Doktor." 30mal bei jedem Stein.

In der Straße meiner Schwester fanden meine Eltern eine kleine Wohnung. Sie brauchten nur durch ein Loch im Zaun zu gehen, um sich zu besuchen. Meine Mutter hatte in ihrem kleinen Garten sofort einige Blumen gepflanzt und mit Liebe gepflegt. Als ich sie einmal besuchte, zeigte sie auf eine hochgeschossene Geranie und bat mich, einen Stab zur Stütze dieser Pflanze zu finden. In der nächsten Umgebung fand ich tatsächlich eine vierkantige Holzleiste von fast 1 ½ m. Voll Stolz brachte ich sie meiner Mutter und die Geranie wurde gestützt. Nach einigen Monaten konnte man sehen, wie gut es ihr gefiel. Aber auch der Leiste gefiel die Einpflanzung: Trotz ihrer Vierkantigkeit wurde sie zu einem Baum. So erlebten auch wir eines der vielen Wunder, die in Israel geschehen.

Meine Mutter musste sich täglich gegen ihre Zuckerkrankheit spritzen. Mein Vater dagegen bekam mit 62 Jahren noch eine Anstellung in einer Waffenfabrik als leitender Ingenieur und wirkte dort noch einige Jahre. Er war sehr stolz auf meinen Schwager, der Direktor bei der pharmazeutischen Fabrik Teva war. Sein einziger Sohn war nur Bauernknecht und jetzt sogar Polizist. Das war peinlich!

Doch ich sollte auch mit dem Militär zu tun bekommen. Eines Tages erhielt ich einen höchst offiziellen Brief mit der Aufforderung, mich zu einer dreiwöchigen militärischen Ausbildung einzufinden. Ich war froh, dass man von mir nur 3 Wochen verlangte und nicht 3 Jahre. Alle waren wir über 30 Jahre alte Familienväter. So begnügte man sich in dieser verkürzten Zeit mit Exerzieren und Schießübungen. Am 21. Juli 1951 wurde König Abdallah von Jordanien nach seinem Besuch der Al-Axa-Moschee von einem seiner eigenen Leute erschossen. Man hatte nämlich in Jordanien erfahren, dass er heimliche Friedensverhandlungen mit Israel führte. Das Attentat geschah so plötzlich und unerwartet, dass wir in unsrer kleinen Kaserne bei Abu Gosch nahe Jerusalem untergebrachten Neuanfänger augenblicklich mit dem Üben aufhören, unsre Sachen packen und ohne Essen ein Lastauto besteigen mussten. Wir wurden zum südlichsten Punkt Jerusalems zum Kibbuz Ramat Rachel gebracht. Dort abgestiegen, erhielten wir Befehl, dass wir im Falle eines

Angriffs der Jordanier diesen Ort zu verteidigen hätten, was immer auch geschehen würde. Doch Gott sei Dank griffen die Jordanier nicht an!

Als Familie lebten wir jetzt in eigener Wohnung und fühlten uns fast schon als Menschen. Wir hatten aber noch den Titel ‚Olim chadaschim'(Neueinwanderer) mit den dazugehörigen Abzahlungen jeden Monat. Wir waren oft bekümmert, nicht genug Geld zur Verfügung zu haben, um alle kargen Lebensmittel auf Rationierungsmarken kaufen zu können. Da ich anfangs im Orchester noch nicht bei den Veranstaltungen auftreten, sondern nur bei den Proben am Vormittag dabei sein durfte, hatte ich Zeit zum Üben zuhause. Auch hatte ich mir inzwischen bei den Nachbarn einen Namen gemacht, dass ich alle möglichen Kleinreparaturen billig erledigte. Das half mir sehr bei der Ernährung unsrer Kinder. Oft stellten wir fest, dass wir für den nächsten Tag kein Geld hatten. Dann kam irgendein verzweifelter Mensch, der mich um Hilfe bat und auch eine Kleinigkeit bezahlte, die ausreichte, dass wenigstens die Kinder zu essen hatten.

Noch etwas geschah, als ich bei der Polizei angefangen und Uniform plus Waffe erhalten hatte. Es handelte sich um einen Holzknüppel, der sogar in der Uniformhose eine eigene Tasche hatte, die aber nicht sichtbar war. Eines Abends gegen 23 Uhr hörte ich beim Ausziehen ganz in unsrer Nähe 2 starke Explosionen. Da ich dachte, es sei meine Pflicht als Polizist, diese Verbrecher zu verhaften, nahm ich meinen Knüppel aus der Hosentasche und sprang in Unterhose und Hemd auf die Straße. Zu meinem Glück sah ich keinen Menschen. Als später die Polizei erschien, fand man die Reste von 2 explodierten Handgranaten. Das Morden war also schon damals in Mode.

Wir trafen auch einige Chaverim aus Dänemark und Schweden wieder. Plötzlich waren wir eine Reihe von etwa gleichaltrigen altneuen Kameraden. Wir fingen an, uns alle 2 Wochen und an manchen Feiertagen zu treffen. Da wir so ziemlich dieselben Probleme hatten, gab es immer viele Gesprächsthemen und freudige Abwechslung, z.B. bei den ersten Purimfesten.

Unser Haus war an einem steilen Berg gebaut. Mit Bulldozern und anderen Maschinen hatte man eine bis dahin unerschlossene Fläche zum Bauen vorbereitet. Da die Bergwand außerhalb des Hauses nicht verändert war und dicht an unserm Fenster aufwärts ging, hielt ich es für hilfreich, die Fläche in eine Terrasse zu verwandeln mit einem kleinen Garten, der uns Gemüse wie Tomaten und anderes mehr ohne Rationierungsmarken und Barbezahlung lieferte. Einige unsrer Mitbewohner im Haus wurden gute Freunde. Jede Woche verging so schnell, dass wir nicht alles schafften, was wir gerne noch getan hätten.

Was die Sicherheit in Jerusalem anging, hörten wir besonders nachts des öfteren Schüsse, aber immer in beruhigender Entfernung. Natürlich gingen wir auch lange Strecken zu Fuß. Ein Taxi oder Busfahrten konnten wir uns nicht leisten. Als unser Nachbar mich bat, ihm ein Bücherregal zu bauen, war ich gezwungen, 4 dicke Bretter von 4 m Länge auf der Schulter nach Hause zu schleppen. Am nächsten Tag holte ich dazu 2 riesige Sperrholzplatten, wozu ich mehr als 3 Stunden brauchte. Der Wind kam diesmal nicht aus der richtigen Richtung und zwang mich zu vielen Umdrehungen mit Segeltouren in falscher Richtung. Theoretische Kenntnisse im Segeln hätten diesen Transport sicher leichter gemacht.

Einige wenige Male machten wir eine kleine Erholungsreise zu Tante Grethe nach Haifa. Das war wirklich eine Abwechslung in unserm Alltagsleben.

In meiner Arbeit ging es vorwärts. Einer meiner ersten Auftritte als einer von 5 Klarinettisten war die Einweihung eines Tuberkulosehospitals in Eitanim. Die Inneneinrichtung des Hauses war eine Gabe des dänischen Volkes an Israel. Im oberen Stockwerk stand eine Inschrift: "Zum Gedenken an König Christian X. von Dänemark". Mir wurde ganz warm ums Herz, hatte Israel doch immer noch gute Freunde im dänischen Volk wie die, die damals ihr Leben riskiert hatten, um ihre Juden zu retten. Als wir nach allen Dankesreden die dänische Hymne spielten, fühlte ich die Tränen meine Wangen hinunterlaufen. So wurde dieses Gebäude für mich ein besonderer Ort. Da wir das einzige staatliche Orchester waren, hatte jedes Ministerium das Recht, uns zu Einweihungen und anderen Festlichkeiten zu beanspruchen. Das bedeutete viele Fahrtkilometer in einem rumpelnden Lastwagen. Die Löcher in den Straßen schüttelten uns durch und die Abgase wurden durch die hinten offene Plane zu uns hereingepresst. So wurden die vielen Fahrten durchs ganze Land zur Tortur.

Zum Jahreswechsel 1952/53 lebte man noch in einer Epoche, in der eine Hausfrau täglich nahezu 24 Stunden arbeiten musste. Zwar hatte auch Jenni stets einen Berg Arbeit vor sich, doch behielt sie immer ihre gute Laune. Allerdings litt sie wohl darunter, dass keine nahen Verwandten in erreichbarer Nähe wohnten. Ihre Eltern waren tot, obwohl wir immer noch auf ein Lebenszeichen oder plötzliches Auftauchen hofften. Weit entfernte Verwandte namens Weißgerber wohnten in Tel Aviv. Dann geschahen mehrere Wunder! Unsre Nachbarin, Frau Wurmbrandt, berichtete uns eines Abends: Eine ihrer Bekannten aus Cernovits, jetzt Tel Aviv, hätte sie angerufen und gebeten, für sie eine Adresse von einer Frau Jenni Sinnreich, geborene Weißgerber in Jerusalem zu finden. Das war ja ihre Nachbarin! (Wunder Nr. 1) Diese Tel-Aviverin, auch geborene Weißgerber, war am Vormittag auf dem Karmelmarkt von einer ihr unbekannten Dame angesprochen worden, ob sie nicht aus Cernovits sei, was sie bejahte. Die Unbekannte meinte weiter, in Jerusalem gäbe es eine Jenni Weißgerber, verheiratete Sinnreich, die gern ihre nächsten Verwandten kennen lernen würde. (Wunder Nr. 2) Niemand hat diese Dame je wieder gesehen. Wir aber bekamen einige Tage danach Besuch aus Tel Aviv. Plötzlich hatte Jenni doppelt so viele Verwandte wie ich. Sie traf eine Tante, Schwester ihres Vaters, mit 6 Kindern, Cousinen, Vettern und deren Kinder. Jenni hatte diese nie kennen gelernt, da sie weit weg in Rumänien wohnten. Jetzt waren wir auf einmal eine große Familie, und Einer war netter als der Andere.

Ich selbst lernte einen Nachkommen des Bruders meines Großvaters in Budapest, Alfred Sinnreich, kennen und schätzen, der eine höhere Anstellung im Flughafen Lod hatte.

Später durfte ich Jenni und die Kinder ab und zu mit dem Polizeiauto mitnehmen, wenn der Rest des Tages frei war. Dadurch wurde unser Leben abwechslungsreicher und wir alle spürten, dass wir nach Hause gekommen waren in unser Land nach 2000 Jahren.

Im Februar 1953 starb meine Mutter nach einem Herzinfarkt und wurde, wie in Israel üblich, noch am selben Tage begraben. Wir trauerten sehr um sie und trösteten uns nur damit, dass wir wenigstens noch drei Jahre hatten miteinander verbringen dürfen nach den 12 Jahren des Auseinandergerissenseins durch die Weltpolitiker und andere Massenmörder!

Nun wohnten wir schon über 2 Jahre in unsrer Einzimmerwohnung und kannten sie recht gut, auch die negativen Seiten. Wenn es draußen regnete, würde nach genau 25 Minuten der Regen auch an der Innenseite der Außenwand herabrinnen und wir mussten entsprechende Maßnahmen ergreifen.

Unsre Tochter Jessi hatte schon lange ihren Namen geändert. Als sie noch in der Lagerschule war, hatte die Lehrerin alle, die keine hebräischen Namen hatten, dazu überredet, sich anders zu nennen. So wählte Jessi sich den Namen R i n a , was Freude bedeutet. Wir hatten auch wirklich viel Freude an ihr. Sie war ein artiges, auch lustiges Kind und half gut mit, Rolf zu erziehen. Sie war jetzt 10 Jahre alt, sprach perfekt hebräisch (ivrit) und meinte, dass auch wir Alten es können müssten. Rolf war noch zuhause und ‚half" seiner Mutter bei der Arbeit. Wir Eltern hatten immer eine wichtige Arbeit vor und sei es nur in unserm Gemüsegarten. Natürlich waren immer noch alle Waren rationiert. Nur langsam konnte die Landwirtschaft die hohe Zahl der Neueinwanderer versorgen, die einen Einsatz von 10mal soviel Landwirtschaftsprodukten, einschließlich Boden und Maschinen, erforderlich machten. Es gab kein Land der Welt, aus dem nicht Juden nach Hause kamen. Das gab ein Durcheinander auf allen Gebieten. Anderseits muss man sagen, dass die Juden es unwahrscheinlich gut verstanden, miteinander auszukommen.

Wie leicht ich seinerzeit dänisch und schwedisch nach Gehör gelernt hatte, verstand ich erst hier in Israel, als ich mich bemühte, meine neue Muttersprache auf die gleiche Weise zu lernen. Ich hatte einfach keine Zeit einen Sprachkursus zu machen. Ich war ja gezwungen, so viel wie möglich dazu zu verdienen, um meine Familie zu ernähren. Wie dringend es war, die Landessprache zu können, verstand ich erst richtig, als ich in Polizeiuniform gehen musste. Da hatte ich das Gefühl, wenn jemand einen Polizisten sah, fielen ihm automatisch alle möglichen Fragen ein, die er unbedingt sofort geklärt haben wollte. So überhäufte man mich mit Fragen, die ich nicht verstand, und das war peinlich. Doch bald fand ich eine Lösung: Nach den ersten hebräischen Worten des Fragers sagte ich auf englisch: "Sie können mit mir auch englisch oder deutsch sprechen!" Meist waren die Leute dann selbst sehr erfreut und nicht nur ich! So konnte ich irgendwie auch diesem Übel abhelfen.

Als Rolf 5 Jahre alt wurde, kam er in den Kindergarten. Er kam sehr gut mit seiner Erzieherin zurecht, weil sie Verständnis für seine humorvollen Gedanken hatte. So ging er gerne hin.

Im Orchester fingen wir an, in kleinen Gruppen von 3 -5 Personen zu spielen zu Hochzeiten oder anderen Feiern. Da erhielten wir des öfteren ein kleines, sehr willkommenes Trinkgeld. Bei solchen Anlässen spielte ich meist Saxofon. Nach so einem Auftritt, der oft erst in den Morgenstunden beendet war, bekamen wir einen Tag frei. Ein weiteres Plus kam hinzu: Damals bekam man kein anderes Fleisch zu essen als Hühnerfleisch. Das hing uns schon zum Halse heraus. Zu festlichen Anlässen jedoch konnte man einen Antrag stellen und bekam Rindfleisch in größeren Mengen. Dann erhielten auch wir Musiker eine gute Portion Essen. Als wir einmal nur einen Teller mit Salat als Mittagessen vorgesetzt bekamen, murmelte Buba Katz vor sich hin: "Das beste Gemüse ist ja doch ein Gulasch!" Da musste der Kellner laut lachen, verschwand und kam zurück mit einem Teller voll Gulasch für jeden von uns. Wie ausgehungert wir waren, kann man sich vorstellen, wenn man bedenkt, dass ich mich an so ein Stückchen Rindfleisch noch nach 50 Jahren erinnern kann.

Mit Bekleidung versorgte uns Jenni, die auf der Nähmaschine von Frau Wurmbrandt alle möglichen Stoffreste benutzte, um unsre wichtigsten Körperteile zu bedecken. Ansonsten sorgte das schöne warme Klima für uns. Jerusalem als Stadt war noch sehr klein und geteilt durch eine Mauer, die vor allem aus Stacheldraht bestand. Sie war auf der anderen Seite verstärkt mit allem möglichen Abfall wie Wellblechplatten und anderen Dingen.

1948, als der Staat Israel durch Ben Gurion ausgerufen wurde, spazierte von Osten das jordanische Heer über ihre Landesgrenze nach Israel, geführt von Glubb Pascha, wie sich der britische General auf arabisch umbenannt hatte, sowie unter Leitung vieler anderer britischer Offiziere. Sie waren voll ausgerüstet mit modernsten Waffen. Ohne israelischen Widerstand gelangten sie bis nach Jerusalem, da die wenigen Soldaten, die wir hatten mit einem Gewehr auf 5 Soldaten, in erster Linie die dicht bevölkerten Städte verteidigen mussten. Um Jerusalem entstand ein harter Kampf. Unsre Soldaten konnten die Feinde erst zum Stehen bringen, nachdem die Jordanier die ganze Altstadt sowie einen Teil von Ost-Jerusalem erobert hatten. Auch besetzten sie ganz Judäa und Samaria und hatten auf diese Weise Jerusalem fast ganz umzingelt. Es entstand nur ein schmaler und daher gefährlicher Korridor, um von Tel Aviv nach Jerusalem zu kommen. Natürlich versuchte man hier im

Lande alles, um mehr Waffen zu erhalten, aber wir bekamen nur aus der Tschechei alte Gewehre. So waren wir gezwungen, uns selbst zu helfen und stellten 5 Granatwerfer her. Einer davon wurde mit Erfolg in Jerusalem zum Aufhalten der jordanischen Soldaten eingesetzt. Er wurde nach David Ben Gurion Davidka genannt und war auf dem Beiwagen eines Motorrades befestigt. Damit konnte man schnell von verschiedenen Stellen aus einige der selbst fabrizierten Granaten abschießen und so den Feind täuschen, als ob wir viele davon hätten. Die Granaten selbst waren nicht sehr gefährlich, aber verursachten einen furchtbaren Knall. Das war für uns sehr günstig. Wenn nämlich unsre Leute zu den Einschlagorten kamen, kassierten sie einen Teil des guten Kriegsmaterials und sogar Militärstiefel ein, die von den Feinden ausgezogen und weggeworfen worden waren, um schneller fortlaufen zu können.

Dieser Befreiungskrieg dauerte viele Monate bis in das Jahr 1949, als wir durch Herstellung einiger schwerer Waffen anfingen, die Araber zurück zu schlagen. Es waren auch Syrer und Ägypter im Lande, die auch gern etwas vom ‚israelischen Kuchen' haben wollten. Als erkannt wurde, dass Israel begann, die Besatzer zu vertreiben, setzte sich sofort die UN ein und verlangte einen Waffenstillstand! Es wurde nie aufgeklärt, warum die UN das nicht verlangt hatte, als die arabischen Truppen über ihre eigenen Grenzen hinausgegangen waren, halb Israel besetzten und es bis 1967 behalten durften!... Übrigens kann man die Davidka heute noch in der Jaffastraße vor einem Gedenkstein auf dem Davidka-Platz sehen.

Ungefähr 1955 baute man 3 Zementfabriken nach dänischem Muster. Eine wurde in Bet Shemesh nahe Jerusalem errichtet. Damit begann man ernsthaft das Bauen von soliden Häusern in Israel. Schließlich waren noch Zehntausende von Neueinwanderern notdürftig in Lagern untergebracht. Natürlich hatte man nicht genügend Geld zum Bauen für so viele Menschen. Doch nach und nach sammelte die Jewish Agency in der ganzen Welt Mittel dafür. Sobald eine neue Wohngegend fertig gebaut und die Leute eingezogen waren, wurden Bäume, Gras und Blumen gepflanzt und gepflegt. Alles wurde umzäunt, damit die Herden der Beduinen dort nicht weiden konnten. Heute kann man an der Größe der Bäume erkennen, wie alt ein Wohngebiet ist. Kaum Einer kann sich mehr an das Bild erinnern, wie ein Ort vorher ausgesehen hat, nämlich voll Geröll, Felsen und total unfruchtbarer, staubiger Erde.

Eine arabische Terrororganisation namens Fedayin hatte sich gebildet und fing an, mit ihren Anschlägen immer frecher zu werden. Israel ließ sich im Aufbau des Landes nicht dadurch stören. Es kostete zwar einige Menschenleben, aber das war man leider schon seit Jahren gewöhnt und betrachtete es als teuren Preis für den Erhalt eines eigenen Landes. Diese ‚Helden' kamen zumeist aus Ägypten, waren auch dort ausgebildet und gut bezahlt worden. Sie konnten einfach nicht verwinden, dass sie uns nicht ins Mittelmeer hatten werfen können, wie sie es 1947 der UNO und allen palästinensischen Flüchtlingen versprochen hatten, die sie selbst gezwungen hatten, Israel zu verlassen, um dann das ganze Land zu besiedeln. Als sie nach der Ausrufung des Staates Israel im Mai 1948 das Land angriffen, gaben sie gleichzeitig neue Briefmarken heraus mit ganz Palästina als Teil von Ägypten. Diese große Schlappe konnten sie nicht auf sich sitzen lassen. Deshalb versuchten sie, uns auf alle erdenkliche Weise zu schaden. Wohl waren wir sehr bekümmert über diese Situation, doch man hatte nicht viel Zeit darüber nachzudenken. Man musste weiter schaffen und sich möglichst verbessern.

Das Auftreten richtiger Handwerker verringerte nach und nach meine Nebeneinnahmen. So fing ich an, Kindern Musikunterricht zu erteilen. Von Schweden her war ich darin geübt. Nur war es hier schwerer für Lehrer und Schüler, die sprachlichen Schwierigkeiten zu lösen. Da sich beide aber viel mehr konzentrieren mussten, haftete das Neugelernte besser.

Ohne Zweifel ging es wirtschaftlich aufwärts im Land und auch bei uns zuhause. Die letzten Rationierungsmarken konnten wir alle einlösen. Irgendwann hörte die Rationierung überhaupt auf.

Ich lernte viele neue Menschen kennen. Unter ihnen war Jochanan Böhm. Er war sehr humorvoll. Das gefiel mir sehr an ihm. Jochanan war Anwärter als Leiter und Dirigent des Jugendorchesters in Jerusalem. Das interessierte mich sehr für Jessi-Rina als Klarinettenschülerin. Für mich hatte ich aus sprachlichen Gründen wenig Hoffnung.

Rolf war damals 7 Jahre alt und ging in die 2. Klasse. Er liebte seine Lehrerin und meinte, die durch seine schweren Krankheiten in früheren Jahren verlorene Zeit jetzt mit Rennen, Toben und Schwatzen doppelt nachholen zu müssen. Als ich Jenni einmal zu einer interessanten Orchestertour mitnahm, blieben unsre beiden Kinder bei meiner Schwester. Als wir sie abholten, erzählte Erika, sie habe versucht, unsern Sohn einmal 10 Minuten zum Stillsein zu bringen, indem sie ihm ein großes Stück Schokolade anbot.

Darauf ging er voll Freude ein, denn er liebte Süßigkeiten über alles. Doch nach 3 Minuten meinte er, er möchte doch lieber schwatzen und herumtoben. Tante Erika könne die Schokolade selber essen.

Jenni und ich hatten ein neues Problem zu lösen: Wir erhielten ein Angebot für eine Zweieinhalbzimmerwohnung zu günstigen, aber für uns sehr schweren Bedingungen. Wir sagten zu, da unsre Wohnung viel zu klein geworden, die Außenwand nass war und außerdem Pilze wucherten. Ich bekam jeden Winter davon einen allergischen Hautausschlag. Rolf mussten zu diesem Zeitpunkt die Mandeln herausgenommen werden.

Präsident Nasser von Ägypten meinte eines Tages, dass er den Suezkanal, den die Engländer und Franzosen ihm gebaut hatten und fleißig benutzten, einfach als ägyptisches Eigentum erklären und die hohen Einnahmen in die eigenen Taschen stecken könnte. Er rechnete auch mit der Kriegsmüdigkeit der Europäer nach dem 2. Weltkrieg. Doch das war ein Irrtum. In der Polizei wurden wir aufgefordert uns freiwillig eine Woche zur Verfügung zu stellen, um Laufgräben für das Militär in Grenzsiedlungen zu graben. Sie wurden zu oft überfallen von Fedayin aus Ägypten. Auch wir im Orchester erhielten diese Aufforderung. Kurz darauf trafen wir uns mit anderen Polizisten. Ein Lastauto fuhr uns zum Dorf Aminadaf nahe Jerusalem. Wir waren 5 Mann vom Orchester, insgesamt aber etwa 30 Personen. Als wir sie trafen, brach ein großes Gelächter aus. Sie machten allerhand Bemerkungen über uns Musiker, ob wir wohl in der Erde kratzen könnten - und wir lachten mit ihnen. Am Einsatzort angekommen, erhielten wir Hacke, Schippe und Spaten. Wir vom Orchester gingen gleich an die Arbeit und sahen den Einsatzleiter während der nächsten 2 Stunden nicht mehr. Es war schwere Arbeit, doch wir waren ein vergnügtes Team und die Zeit verging schnell. Als der Einsatzleiter wieder zu uns kam, erzählte er uns mit saurer Miene, dass die so ‚tüchtigen' Polizisten, die uns Musiker ausgelacht hatten, nicht halb so viel geschafft hätten wie wir. Sie würden sich nach 5 Minuten Arbeit 10 Minuten zum Ausruhen hinlegen. Nun konnten wir lachen und waren zufrieden, einmal andere Muskeln zu stärken als sonst. Nach einer Woche wurden wir von 5 anderen Musikern abgelöst.

Diese Verteidigungsvorbereitung hatte natürlich einen Sinn: England und Frankreich wandten sich um Hilfe an Israel, das auch sehr unter ägyptischer Schikane litt bei Schiffen, die Lasten von oder nach Israel transportierten. Am 29. Oktober 1956 besetzten England und Frankreich den Hafen von Port Said. Auf ihre Bitte hin zog Israel kämpfend durch den Sinai bis an den Suezkanal und brachte ihn unter seine Kontrolle. Sofort verteilte man das Orchester auf verschiedene Polizeistationen in Jerusalem, um die Stadt im Falle eines jordanischen Angriffs besser verteidigen zu können. Tag und Nacht patrouillierten wir an der Stacheldrahtgrenze im Osten Jerusalems abwechselnd 4 Stunden lang. Dazu gab man uns ein britisches Maschinengewehr.

Ägyptens Nasser musste wieder eine Schlappe hinnehmen. Dass die vom Ministaat Israel kam, tat besonders weh. Am 6.11.1956 war das Ganze überstanden. Noch am selben Tag drängte Russland die USA , dass Israel sich sofort wieder aus dem Sinai zurückziehen müsse, was man 1948 von keinem arabischen Staat verlangt hatte, als sie Israel besetzten. Die USA waren auch sofort bereit, Israel dazu zu zwingen. Israel war natürlich das artige Kind und befolgte die Wünsche der Amerikaner. Nach dem Ende des aktiven Krieges patrouillierten wir noch ca. 2 Wochen an der Jerusalemer Ostgrenze. Am letzten Tag kam man in der Polizei auf die Idee, uns alle zu einem Schießübungsplatz zu bringen, wo man uns endlich erklärte, wie wir mit den englischen ‚Stengun' umgehen sollten. Das war sehr nützlich, denn es stellte sich heraus, dass 80% der Maschinengewehre untauglich waren. Wie gut, dass die Jordanier uns nicht angegriffen hatten!!!

Es war auch schön wieder zu Hause zu sein, im eigenen Bett zu schlafen und Frau und Kinder um sich zu haben. Doch zum richtigen Genießen hatte man keine Zeit. Man lebte von einem Augenblick zum anderen. Immer geschah etwas Überraschendes. Die Terroranschläge wurden immer schlimmer. Neue Terrororganisationen kamen hinzu. So versuchte der Islam sein Gesicht zu wahren, um der Welt zu zeigen, dass sie nicht einverstanden waren, Nicht-Muslime im Nahen Osten zu akzeptieren, obwohl das Land den Juden schon vor fast 1000 Jahren durch Kreuzzüge entrissen worden war. Keiner der späteren Hehler des Landes war bereit, den Juden zu erlauben, in ihr Vaterland zurückzukehren.

So entstand das tägliche Wunschgebet der Juden in der ganzen Welt: "Nächstes Jahr in Jerusalem!"

Der Winter ist im allgemeinen die Zeit in Israel, wo es regnet, was schon im Dezember geschehen kann. Sollte es aber schon im Oktober einmal richtig stark regnen, sprießt mit einer Schnelligkeit alles Grün aus der graubraunen Erde hervor, als hätte es nur darauf gewartet. Das bedeutet, dass der Frühling da ist. Auch wenn einmal nachts die Temperatur einige Grade unter Null gehen sollte, wächst alles fröhlich weiter. Das bedeutet, dass man in Israel nur 2 Jahreszeiten hat, nämlich Frühling und Sommer. Einen Winter wie in Deutschland oder Skandinavien habe ich in all den Jahren hier nie erlebt, und der Herbst ist Erntezeit, obwohl man bereits im Mai das erste Mal erntet.

Als unsre neue Wohnung noch im Bau war, kam mein Schwager Günther eines Tages mit seinem hochherrschaftlichen Morris zu Besuch. Wir wollten den Bau besichtigen und gingen zu Fuß, während mein Schwager seine beiden Kinder und Rolf im Auto mitnahm. Auf der steilen Anhöhe geriet der Wagen in Schieflage und die Tür der Kinder sprang auf. Vor Schreck gab Günther Gas und rutschte wie auf Skiern über 3 Reihen 5 m langer, aber sehr dünner Pinienbäume, die als Zaun gepflanzt waren. Wir rannten alle dorthin in schlimmster Erwartung, sahen aber alle Kinder wohlauf, die Günther bereits aus dem Morris geborgen hatte. Anschließend hatten wir stundenlang zu tun, um das Auto wieder auf die Straße zu bringen.

Ungefähr um diese Zeit bot Deutschland den Naziopfern eine Entschädigung an. Wir wurden aufgefordert, Berichte über unsre damals erlebten Erniedrigungen, Verluste und Leiden abzugeben und sollten dann abwarten, bis alles durchgearbeitet war.

Der Umzug ins neue Haus, wo ich im Schlafzimmer und Flur deckenhohe Einbauschränke gebaut hatte, war für uns ein großes Fest. Wir konnten gar nicht genug staunen über unser luxuriöses Leben mit zweieinhalb Zimmern zur Verfügung. Wir kamen uns vor, als wären wir größenwahnsinnig geworden. Es war uns klar, dass Jenni und ich die nächsten Jahre weiterschuften mussten, ohne Urlaub und Leckerbissen. Sogar mein Vater lobte mich, als er die Einbauschränke sah.

Wie sah es im Jahr 1958 in Jerusalem aus? Jenseits der Mauer aus Stacheldraht und Abfällen hielt die jordanische Armee den Ostteil der Stadt besetzt. Dort wohnte auch der größte Teil der arabischen Bevölkerung. Alle früheren jüdischen Bewohner dieser Gebiete hatten all ihr Eigentum bei ihrer Flucht zurücklassen müssen. Wenn sie ermordet wurden, war alles sofort von der arabischen Bevölkerung übernommen worden.

Das galt auch für den großen alten jüdischen Friedhof auf dem Ölberg. Alle Gräber hatten auf ihrer ganzen Länge eine Steinplatte mit dem Namen des Toten. Diese Platten wurden sofort für Bauzwecke herausgerissen. Man benutzte sie auch für Latrinen der jordanischen Kasernen, indem sie in diese Platten große Löcher bohrten. Auch als Unterbau von Straßen wurden diese Platten später entdeckt. Die Araber taten das nicht, weil sie sonst keine Steine gehabt hätten, sondern weil sie wussten, dass ein Grab für Juden ein heiliger und ewiger Ort ist. So konnten sie auch auf diese Weise den Juden Leid zufügen.

Der Skopusberg, der sich an den Ölberg anschließt, konnte von unsern Soldaten verteidigt und auch gehalten werden. Zur Zeit des Drucks der UNO auf sofortigen Waffenstillstand war er noch umzingelt, sodass unsre Soldaten auf Absprache mit der UNO angewiesen waren, wann sie ausgewechselt oder transportiert werden konnten. Schon damals setzte die UNO die Rolle der Briten fort, uns deutlich zu machen, dass ihnen die Araber absolut wichtiger waren als wir Juden. Da wir aber als Land sogar von der UNO anerkannt waren, mussten sie auch uns gewisse Rechte gewähren.

Gleich neben dem amerikanischen Konsulat im Osten Jerusalems gab es einen Übergang namens Mandelbaumtor, wo man von Israel nach Jordanien hinübergehen konnte und umgekehrt, allerdings nur mit spezieller Erlaubnis, die nicht jeder erhielt, vor allem kein Jude, höchstens Christen an hohen Feiertagen.

Auf dem Skopusberg war 1925 die Hebräische Universität und das Hadassah-Krankenhaus gebaut worden und seitdem immer in Betrieb. Doch bei dem Angriff im Befreiungskrieg wurden viele Ärzte, Krankenschwestern und Patienten getötet und verwundet. Auch das Polizeiorchester hatte seinen Sitz auf dem Berg und wurde bei diesem Angriff morgens bei der Ankunft im Lastauto beschossen. Es gab dabei Tote und Verletzte. Einer der Verletzten war Jehuda Polacek. Er überlebte durch ein Wunder. In diesem Krieg 1948/49 sahen die Armeen der arabischen Länder ihre Ehre darin, bei der Ausrottung der Juden beteiligt zu sein. Sie sandten Kompanien über Kompanien aus Ländern wie Tunesien, Marokko, Irak, Iran und anderen zum Einsatz nach Jordanien, Syrien und Ägypten. Sie waren uns mehrfach überlegen an Zahl, in der Ausbildung und vor allem in der Ausrüstung mit modernsten Waffen. Trotzdem gelang es ihnen nicht, ihr Ziel zu erreichen. Es heißt, dass man noch heute in den Militärakademien der Welt darüber grübelt, wieso es ihnen nicht gelang. Einige von meinen Freunden meinen, wir müssten einen sehr großen Verbündeten haben, der uns beisteht, doch glaube ich nicht, dass es Amerika war!

1958 kam ein harter Befehl der Polizei speziell für das Orchester. Er verlangte, dass von da an hebräisch die einzige Sprache im Orchester zu sein habe. Das war für mich eine furchtbare, ja unmögliche Aufgabe. Aber Herr Gribov hielt sich daran. Sobald er ein ausländisches Wort hörte, drohte er mit Rauswurf. Nichts half. Er begann sich in erster Linie mit denen zu unterhalten, die die Sprache am wenigsten kannten. Dazu gehörte ich. Nach einigen Monaten merkte ich jedoch, dass ich eine Menge dazugelernt hatte.

Ich nahm noch zwei, drei Akkordeonschüler an, was ich bereits in Schweden mit Erfolg geschafft hatte. Es ging auch hier recht gut voran und half mir bei den monatlichen Abzahlungen. Nur hatten die Schüler Schwierigkeiten zu verstehen, was ich von ihnen wollte, aber das hatte auch seine Vorteile. Sie mussten sich umso mehr konzentrieren. Im Orchester wechselte ich von der dritten zur zweiten Klarinettenstimme. Das war technisch schwieriger, gefiel mir aber sehr gut.

Ungefähr zu dieser Zeit kam Gordon Benedek, ein Klarinettist aus Rumänien, zu uns. Er kam von der Grenzpolizei, der Abteilung, die täglich die Terroristen bekämpfen musste. Bald bildeten wir mit Polacek, dem polnischen Fagottisten Adomi und unsren Frauen eine freundschaftliche Clique. Wir besuchten einander abwechselnd. Dadurch hatten wir einen großen Bekanntenkreis. Nun waren wir ganz normale Menschen und keine auffallend aussehenden Flüchtlinge oder Ausländer mehr! Was uns allerdings das Leben sauer machte, waren die täglichen, oft nächtlichen Terrorakte, die allzu viele Menschenleben kosteten und viele zu Invaliden machten. Es gab keine Macht der Welt, die das verhindern konnte oder wollte!

Als einziges Staatsorchester fuhren wir überall im Land herum und spielten bei Einweihungen, Grundsteinlegungen und andren Festakten. Die Bretter auf dem Lastwagen waren mit Schaumstoffmatten ausgeegt worden. Das half nicht so sehr, denn die sehr engen Straßen waren voller Löcher, was uns weiterhin schreckliche Schmerzen verursachte. Die schlimmsten Löcher kannten wir bereits so gut, dass wir uns rechtzeitig erhoben und mit gebeugten Knien versuchten, den Schlag abzufangen, obwohl wir nach vorn keine Sicht hatten.

An unsre neue Wohnung gewöhnten wir uns schnell und auch an unsre neuen Nachbarn. Die meisten kamen wie wir aus den Einzimmerhäusern. An und für sich waren wir zu dieser Zeit ganz glücklich, doch wir mussten weiterhin sehr ums tägliche Brot kämpfen. Mit unsern Kindern waren wir sehr zufrieden. Sie gingen jeden Tag zusammen zur Schule. Rina passte ein bisschen auf Rolf auf, was sicher nicht so einfach war. Sie wusste schon lange, dass sie Turnlehrerin werden wollte. Rina war sportbegeistertes Mitglied der Turnliga des Sportvereins ‚Hapoel'. Außerdem spielte sie schon so gut Klarinette, dass sie im Jerusalemer Jugendorchester bei Jochanan Böhm aufgenommen worden war. Darüber waren wir hocherfreut und sehr stolz auf sie.

Rolf hatte noch seine geliebte Lehrerin und war ein guter Schüler, da sie seinen Humor schätzte. Leider bekam er am Ende des Schuljahres eine neue Lehrerin, die seine humorvollen Bemerkungen als Frechheit ansah und auch so bewertete. Das wurde sehr schlimm für Rolf und auch für mich, denn sie bestellte mich alle 2 Wochen zu sich und berichtete all seine Heldentaten und Antworten, deren er sich schuldig gemacht hatte. Der bisher gute Schüler wurde innerhalb kürzester Zeit zum schlechtesten und der Prügelknabe der Klasse. Durch einen Vergleich mit meinem Lehrer Obersturmbannführer Trapp kam ich auf die Idee, dass es vermutlich manche Lehrer nötig haben, einen Schüler als Sündenbock zu gebrauchen, um ein wenig Disziplin zu retten. Welchen Schaden sie dem ‚Erkorenen' antun, ist anscheinend unwichtig.

Eines Tages beichtete Jenni mir, dass sie noch ein Kind haben wollte, obwohl unsre älteste Tochter schon 15 Jahre alt war und Jenni fast 39. Darauf fühlten wir uns fast wieder wie ein junges Ehepaar. Am 18. Februar 1960 kam unser drittes Kind, Ronit, zur Welt. Die Geburt klappte gut. Doch am nächsten Tag hatte Jenni Schmerzen im rechten Oberschenkel. Die Ärztin im Krankenhaus meinte, sie solle sich damit gelegentlich an ihren behandelnden Arzt wenden und schickte Jenni nach 4 Tagen nach Hause. Natürlich holte ich sie ab. Da das Krankenhaus nicht weit von uns entfernt war, gingen wir zu Fuß zurück. Die

Schmerzen wurden jedoch immer stärker. So schauten wir bei unsrer Hausärztin, 2 Häuser von unserm eigenen, vorbei. Die Praxis befand sich im 3. Stock. Das war sehr schmerzhaft für Jenni. Die neue Ärztin Dr. Rudnitzka stellte ganz erschrocken eine Thrombose fest und konnte nicht verstehen, dass die Ärztin der Geburtsklinik Jenni 4 Tage nach der Entbindung nach Hause entlassen hatte. Sie meinte, wir sollten ganz langsam wieder nach Hause gehen. Sie würde sich inzwischen mit einem Spezialisten beraten und war sicher, dass Jenni ins Krankenhaus müsste. Darauf sollten wir uns vorbereiten. Jenni sollte sofort ins Bett, was sie zuhause auch tat. Unser Problem war jetzt: Was sollten wir mit dem Baby machen? Wir packten einen kleinen Koffer. Schon nach einer Stunde kam Frau Dr. Rudnitzka mit einem Oberarzt aus dem Hadassah-Hospital, um Jenni noch einmal zu untersuchen. Leider bestätigte sich die Diagnose. Wegen des Babys wollten sie mit der Einweisung noch etwas warten.

Von der Polizei bekam ich ein paar Tage frei. Das half meinen Nerven. Rina ließ alles andre, auch die Schule, beiseite und übernahm vor allem das Baby. Auch unsre Nachbarinnen halfen uns sehr. Dr. Rudnitzka hatte uns ihre private Telefonnummer hinterlassen. Ich sollte ihr genau Bericht erstatten bei jeder Veränderung. Gegen Morgen bekam Jenni schwere Atemnot und konnte nicht mehr sprechen. Ich rief Dr. Rudnitzka an. Sie versprach, gleich zu kommen und einen Krankenwagen zu bestellen. Beide kamen fast gleichzeitig. Die Ärztin fuhr mit Jenni mit und sorgte dafür, dass sie sofort in die Intensivstation kam ohne stundenlange Formalitäten. Sie blieb so lange bei ihr, bis Jenni wieder leichter atmen konnte. Später erklärte sie mir, dass der Thrombus vom Bein durch das Herz gewandert war (Gott sei Dank), aber dann die Lunge verstopft hatte. Wieder durften wir dankbar sein für eine Lebensrettung! Diese Dankbarkeit half uns über die nächsten 3 Monate, in denen Jenni im Krankenhaus war. Rina übernahm tapfer die meiste Baby- und Hausarbeit auf Kosten ihrer Schulzeit. Sie musste das Jahr wiederholen. Später hatten wir eine Haushaltshilfe und eine andere, Shoshana Baruch, zur Betreuung für das Baby. Wir bemühten uns alle mit Erfolg, dies Unglück zu überstehen. Um Rina zu entlasten und ihr endlich den Schulbesuch wieder zu ermöglichen, nahm Shoshana Ronit für einige Zeit zu sich nach Hause. Als ich Ronit eines Abends besuchte und auch Shoshanas Mann traf, erkannten wir uns sofort wieder. Wir waren beide vor über 30 Jahren in Berlin in derselben jüdischen Religionsunterrichtsklasse gewesen. Das wurde ein netter und lustiger Abend! Das ganze Jahr 1960 verging, bis Jenni ihren Platz wieder voll ausfüllen konnte.

Inzwischen wurde die Bautätigkeit im ganzen Land intensiviert. Noch immer lebten viele jüdische Neueinwanderer unter schwierigen Bedingungen in Lagern. Nicht zuletzt fehlten uns in Jerusalem all die wichtigen Einrichtungen, die durch die Jordanier in Ost- Jerusalem von Israel abgeschnitten waren, wie auch das Hadassah-Krankenhaus. Da man keine Aussicht hatte, die Jordanier wieder hinter ihre ursprüngliche Landesgrenze zurück zu zwingen, baute man ein neues Hadassah-Krankenhaus oberhalb des Dorfes Ein-Kerem und eine neue Universität auf dem Berg Givat Ram. Im Hinblick auf weitere Einwanderer baute man sehr großzügig. Doch nach wenigen Monaten merkte man, dass es wieder nicht ausreichte. Auf diese Weise gab es über Jahrzehnte eine rege Bautätigkeit an beiden Gebäuden, die nur an Shabbat-Tagen unterbrochen wurde. Um die neue Universität in Givat Ram ist so ein neuer Stadtteil entstanden, sogar mit einem eigenen Botanischen Garten.

Ab 1960 trafen wir immer häufiger Leute auf der Straße, die dänisch oder schwedisch sprachen, meist junge Menschen, die das Land der Juden oder die sozialistische Idee der Kibbuzim kennen lernen wollten. Da sie für mich unsre Lebensretter waren, konnte ich nie vorbeigehen, sondern sprach sie in ihrer Muttersprache an, worüber sie sich sehr freuten. Meist endete es damit, dass ich sie mit nach Hause nahm. Jenni, zunächst schockiert, zauberte immer etwas auf den Tisch und freute sich dann genauso. So übernachteten viele Skandinavier bei uns. Wir besorgten ihnen Arbeitsplätze als freiwillige Helfer in Kibbuzim und sozialen Einrichtungen. Viele von ihnen wurden echte Freunde Israels.

Rolfs Schulprobleme hatten dazu geführt, dass wir ihn auf eine andere Schule schickten, und zwar ein Musikgymnasium, das ihn aufnahm, weil er Trompete spielte. Aber auch da ließ er den nötigen Ehrgeiz vermissen. So erhielt er eine letzte Chance vom Direktor. Er sollte während der Ferien einer richtigen Arbeit nachgehen. Ein Nachbar, Uri Feldmann, der sich auf eine Aufnahmeprüfung an der Universität vorbereitete, empfahl ihm eine Ferienarbeit in der feinmechanischen Universitäts-Werkstatt. Nach 3 Wochen erklärte mir Rolfs Meister, Herr Schierisli, begeistert, wie schade es wäre, wenn Rolf etwas anderes lernen würde. Er wäre für diesen Beruf wie geschaffen. Der Meister versprach auch, Rolfs Aufnahme beim Direktor der zuständigen Fachschule trotz seines fürchterlichen Zeugnisses zu erwirken. Zur Freude meines Vaters, der auch den Beruf des Feinmechanikers erlernt hatte, wurde Rolf in die Brandeis-Fachschule für Feinmechanik und Werkzeugherstellung aufgenommen. Allerdings verlor er dabei ein Jahr.

Rina hatte mittlerweile ihr Abitur bestanden und wurde vorläufig vom Militärdienst befreit, da sie nach wie vor Turnlehrerin werden wollte. Da es in Dänemark die beste Turn- und Gymnastiklehrer-Ausbildung gab, hatten wir schriftlich nach den Bedingungen gefragt. Umgehend teilte man uns mit, dass im israelischen Wingate-Institut bei Natania dieselben Ausbildungsmöglichkeiten gegeben waren wie in Dänemark. Wir waren sehr erfreut, dass Rina die beste Ausbildung erhalten würde, aber nicht weit von uns entfernt zu wohnen brauchte. So wurde sie zur Lehrerausbildung im Wingate-Institut aufgenommen. Rina war immer eine liebe, tüchtige Tochter gewesen, erfreute uns und ihre Freunde immer mit guter Laune - und plötzlich war sie erwachsen und zog fort. Genau so plötzlich wurde uns bewusst, wie gut wir daran getan hatten, im Jahr 1960 noch ein Baby zu bekommen. Nur einmal war Jenni ein bisschen böse, als sie 1962 in der Stadt Verschiedenes einkaufte und Rina (18) und Ronit (2) dazu mitnahm. Nachdem die Verkäuferin alles eingepackt hatte, gab sie Ronit, die bei Rina im Kinderwagen saß, ein kleines Paket mit den Worten: "Das trägt Ronit.", dann ein großes Paket: "Für die Mutti" und das dritte Paket, "für die Oma". O weh, das war ein Schock für Jenni! Doch sie wusste, dass es gut gemeint war. So protestierte sie nicht, aber auf dem Nachhauseweg hatten sie alle viel zu lachen.

Bevor Rina nach Natania zog, arbeitete sie in den großen Ferien als Gruppenleiterin für Mädchen in einem Freizeitlager des YMCA . Dort lernte sie ihren späteren Mann, Noach Rabinowitch, kennen, der eine der Jungengruppen leitete.

Die Einwandererzahl der Juden war in den letzten Jahren zwischen 1948 und 1965 vier ein halb mal größer als zuvor. Daher war man mit der Versorgung der Bevölkerung mit lebenswichtigen Waren, dem Bau von größeren Straßen und der Anschaffung entsprechender Lastwagen aus finanziellen Gründen nicht nachgekommen. Hinzu kam, dass auch viele Bewohner der arabischen Nachbarländer illegal mit gefälschten

Papieren ins Land kamen, weil sie hier sofort Arbeit mit doppelt so viel Gehalt bekamen wie daheim. Es war nicht so, dass wir in Israel keine Arbeitslosen gehabt hätten, aber auch bei uns gibt es viele Menschen, denen nicht jede Arbeit gefällt, besonders wenn sie anstrengend ist - oder schmutzige Hände verursacht.

Unser Orchester hatte man schon Ende der fünfziger Jahre aus der Mitte Jerusalems in ein ehemaliges britisches Militärlager nach Talpiot verlegt. Der Grund des Umzugs war wohl die Tatsache, dass Musik mit Geräusch verbunden ist. Für uns Musiker war der Platzwechsel eine Wohltat, denn der Verkehr in der Jaffastraße war sehr stark, obwohl man natürlich auch manchen merkwürdigen Ton in der Probe auf die von der Straße kommenden Geräusche schieben konnte. Jedenfalls bekamen wir in den Allenby-Baracken 2 große Holzhäuser zur Verfügung gestellt. Im einen wurde unsre umfangreiche Notenbibliothek untergebracht. Das zweite diente uns z.T. als ‚Bandroom'.

Das Polizei-Orchester vor einem Auftritt Rudolf 1. Reihe links (Klarinettist)

In den ersten Monaten des Jahres 1965 erhielt das Polizei-Orchester den Auftrag, den ersten deutschen Botschafter beim israelischen Präsidenten mit der deutschen Hymne zu empfangen. Doch die deutsche Hymne, die auch zur Zeit Hitlers benutzt worden war sowie auch der Botschafter selbst, waren von einem recht großen Teil der Bevölkerung abgelehnt worden - trotz des Übereinkommens zwischen Adenauer und Ben Gurion. Als wir an diesem Morgen zur Arbeit kamen, um noch einmal die Hymnen zu proben, fanden wir nur noch die qualmenden Reste unsrer beiden Holzhäuser. Sie waren in der Nacht angesteckt worden, um das Spielen der deutschen Hymne durch das Polizei-Orchester zu verhindern. Die Hymne mussten wir trotzdem spielen und zwar auf geliehenen Instrumenten des Militärorchesters. Bei der Ankunft des Botschafters war jeder von uns gezwungen sich darauf zu konzentrieren, dass er still steht, die Hände des Dirigenten sieht, die Noten im Auge hat und erfolgreich den durch die Luft fliegenden Steinen entgeht. Das war unser Anteil an dem historischen Augenblick des Versuchs, zwischen Deutschland und Israel normale Beziehungen zu knüpfen.

Unser Rechtsanwalt teilte uns mit, dass wir in den nächsten Tagen eine erste größere Summe als Vorauszahlung der Wiedergutmachung erhalten würden. Diese Summe würde genügen, um unsre Schulden bei den Banken abzahlen zu können! Hurra!!! Das gab uns ein ganz unbekanntes Gefühl der Erleichterung und die Lust, in die Welt hinauszurufen: "Was kostest du, Welt?" Nicht zuletzt freuten sich mein Vater und mein Schwager, die für uns gebürgt hatten. Trotzdem war uns klar, dass ich weiter so angestrengt arbeiten musste, denn nach Abtrag der Schulden blieb so gut wie nichts übrig. Außerdem gefiel mir meine Arbeit sowohl im Polizei-Orchester als auch das Unterrichten im Jerusalemer Jugendorchester. Ohne Schulden reichte das Geld nun auch bis zum Monatsende.

Rolf war inzwischen 16 Jahre alt und hatte sein erstes Jahr in der Brandeisschule beendet und wurde versetzt. Rina war 21 und kam ab und zu aus Natania zu Besuch. Lange vor der Sportlehrerschule hatte sie ihrer kleinen Schwester Ronit schon mit 9 Monaten das Laufen und alle möglichen Kunststücke wie Spagat und andere beigebracht. Als wir uns 1963 10 Tage im Ferienheim der Polizei in Rosh Hanikra erholen durften, fand am letzten Abend die große Abschiedsfeier statt, mit dem Auftritt einiger Sänger und Komiker sowie Tanz. Auch ich musste dort immer spielen. Als der leitende Ansager das Publikum aufforderte, auf der Bühne etwas vorzutragen, flüsterte Rina Ronit etwas zu. Darauf ging die Dreijährige aufs Podium. Während die kleine Gruppe des Polizei-Orchesters spielte, zeigte sie, was sie von Rina gelernt hatte. Sie erntete dafür den größten Applaus des Abends.

1965 gab es viele familiäre Veränderungen. Rina und Noach wollten heiraten. So konnte sie die Militärzeit umgehen. Noach war Drucker bei der Nationalversicherung und hatte als Beamter ein festes Einkommen. Das beruhigte seine Schwiegereltern. Rina würde Ende Juni ihre Ausbildung beenden und sofort eine Anstellung als Lehrerin bekommen.

Die Hochzeit wurde am 31. März 1965, dem 15. Jahrestag unsres Kommens nach Israel, gefeiert. Kleine Gruppen des Orchesters lösten sich an diesem langen Abend mit live Musik während des Tanzens und Essens ab. Bei solchen Gelegenheiten lernt man vor allen Dingen seine Familie, Nachbarn und Freunde kennen und schätzen, da sie mit Frauen und Kindern erscheinen. Jedenfalls waren über 250 Personen versammelt, was in Israel als kleine Hochzeit gilt. Es war ein schöner Meilenstein unsrer Geschichte.

Rina und Noach zogen gleich in ihre neue Wohnung ein, die Noach schon vor der Hochzeit gekauft hatte. Es gelang ihnen, sie in nur 2 Jahren abzuzahlen. Wir waren alle sehr stolz auf den Fleiß und die Tüchtigkeit der Beiden.

1966 kam Ronit in dieselbe Grundschule, in der auch die großen Geschwister gewesen waren. Nebenbei fungierte sie als Ballerina bei ihrer arabischen Ballett-Tanzlehrerin.

Etwa um diese Zeit eröffnete man in Israel eine Fabrik zur Herstellung von Autos unter dem Namen Sussitah (Pferdchen). Die Autos mit einem Motor von der Firma Triumph aus Deutschland erhielten eine in Israel hergestellte Plastikkarosserie. Sie waren so gut und verhältnismäßig billig, dass nach kurzer Zeit viele davon jahrelang im Verkehr waren. Die Fabrik wurde eröffnet mit dem optimistischen Gedanken, dass wir bald einen Frieden mit unsren Nachbarn erreichen könnten, um dann den ganzen Mittleren und Nahen Osten damit zu beliefern. Leider musste diese Fabrik nach einigen Jahren geschlossen werden. Solche Optimisten und Super-Naive haben wir bis heute allzu viele hier im Land. Diese Tatsache verstärkt die Meinung unsrer moslemischen

Nachbarn, dass ein ,ungläubiges' Volk wie die Juden kein Recht habe, im Nahen Osten ein Land zu besitzen. Laut Koran ist es ihre Pflicht als Moslems, dieses Volk schnellstens auszurotten. Irgendwo und irgendwann habe ich das schon vorher einmal gehört, zwar mit etwas anderer Motivation, doch das Wort ,Ausrottung' war gleichfalls ernst gemeint.

Als Präsident John F. Kennedy erschossen wurde, war das ein großes Unglück für Israel, denn man hatte von ihm gehofft, er würde Israel helfen, mit den Arabern zu einem Frieden zu kommen. Ihm zu Ehren und zur Erinnerung an seinen guten Willen baute man auf dem damals höchsten Berg Jerusalems ein prächtiges rundes Memorial-Gebäude mit je einem Fenster für alle 52 US-Staaten. Bei der Eröffnungszeremonie spielte natürlich unser Orchester.

Eines Nachmittags, als ich nach der Arbeit schon fast zuhause war, hielt ein Volkswagen Käfer mit einer norwegischen Flagge vorn bei einem Nachbarhaus an. Beide Vordertüren sprangen auf, worauf aus jeder Tür ganz langsam ein Haarschopf herauskam. An der Fahrerseite entwickelte sich in Zeitlupentempo ein Männerkopf. Auf der anderen Seite wurde es ein Damenkopf. Die Figuren wurden langsam fast 2 Meter groß. Das sah so komisch aus, dass ich dies Bild nicht vergessen kann. Ich konnte nicht anders, als sie lachend auf dänisch zu begrüßen: "Herzlich willkommen aus dem Auto!" Lachend antwortete er mir auf norwegisch, dass es nicht leicht wäre für eine voll ausgewachsene Person, aus einem so kleinen Auto heraus zu kommen. Sie waren neue Nachbarn. Er arbeitete als Chauffeur bei der UNO und fuhr den Generalsekretär Dag Hammerskjöld zu den arabischen Königen und Präsidenten, um dafür zu sorgen, dass wir hier alle artige Nationen sein und den Frieden bewahren sollten. Das war eine schwierige Aufgabe mit den täglichen Terroraktivitäten unsrer Nachbarn. Dazu kam noch, dass Präsident Nasser eines Tages den UNO-Truppen, die zur Verhinderung kriegerischer Angriffe an der Grenze zwischen Gaza und Israel stationiert waren, die Order gab, innerhalb von 48 Stunden von dort zu verschwinden, da sie ihn bei einem geplanten Angriff stören würden. Die UNO-Truppen bewiesen damals ihre Effektivität und waren schon nach 24 Stunden weg von ihren Stellungen.

Aber auch Israel reagierte und berief alle Reservisten ein. Man bezog Verteidigungsstellungen. Unser Orchester spielte in verschiedenen Militäreinheiten, um die Spannung zu senken. Unter anderem spielten wir in einem provisorischen Soldatenlager bei Jerusalem namens Bar Giora, wo ich meinen Schwiegersohn Noach in Uniform traf. Wir freuten uns beide sehr.

Zwei Tage später, am 6. Juni 1967 morgens, begann der Sechs-Tage-Krieg. Er begann nicht zu dem Zeitpunkt, den Nasser ganz offiziell geplant hatte. Genau eine Stunde früher kamen nämlich unsre Flugzeuge und vernichteten seine Fluggeschwader bereits in ihren Basen, bevor sie zum Einsatz kommen konnten. Zu seinem Glück meinten Syrien und Jordanien, dass sie auch etwas von der Torte haben wollten und griffen Israel von der anderen Seite an.

Für mich begann dieser 6. Juni als gewöhnlicher Arbeitstag. Das Orchester übte im Bandroom der Allenby-Baracke . Um 10 Uhr machten wir eine kleine Pause. Wir waren 4 Mann, die das Lager verließen, um in einer Kantine etwas zu trinken. Als wir wieder zurück gehen wollten, schlug die erste Granate nicht weit von uns ein. Damit begann ein wahrer Granatregen. Neben der Kantine war eine Schule. Als wir sahen, dass die Schulkinder in ihren Schutzraum eilten, folgten wir ihnen, denn unter einem solchen Granathagel wären wir nicht heil zum Orchester zurück gekommen. Gleichzeitig heulten die Sirenen und machten uns klar, dass der Krieg begonnen hatte. Im Schul-Schutzraum befand sich auch ein Radio. Von Seiten Israels wurde nur gesagt, dass Ägypten, Syrien und Jordanien uns den Krieg erklärt und auch begonnen hätten. Alle Bürger hätten die Schutzräume aufzusuchen und sollten vermeiden sich unnötig draußen aufzuhalten, außer denen, die zu ihren Einheiten befohlen waren. Wir hofften, der Granatregen würde schnellstens aufhören, damit wir uns um unsre Familien kümmern könnten, aber das war ein Irrtum. Gegen Abend meinte Polacek, er würde versuchen in den Bandroom zu gelangen, um zu berichten, wo wir waren und nach Befehlen für uns zu fragen. Nach etwa einer Stunde kam er zurück und erzählte uns, dass die Jordanier direkt neben unserm Lager eine Kirche besetzt hätten und von dem hohen Gebäude aus in das Allenby-Lager schossen. Unsre Kollegen konnten sich nur notdürftig verschanzen, aber nicht verteidigen, da sie keine Waffen hatten. Es sei trotzdem noch keiner verletzt worden. Wir sollten vorläufig abwarten. Die Explosionen wurden dann zwar weniger, dauerten aber die Nacht durch an. Als Schutzraum für die Schule diente die große Turnhalle. Wir breiteten alle Sprungmatten aus und legten uns darauf. Im Radio berichtete man nur die Tatsache des Kriegsausbruchs und Codenamen für die Einberufung der Reservesoldaten.

Am nächsten Tag hörten wir, was das ägyptische Radio mitteilte - und das war für uns eine Katastrophe: Alle arabischen Truppen gingen schnell vorwärts und schlügen die israelischen Einheiten. Wir hatten richtig Angst, dass jeden Augenblick die Jordanier kommen könnten. Wir hatten ja nicht einmal eine Waffe zur Verteidigung. Die Situation war total hoffungslos. Doch als die Explosionen weniger wurden, riskierten wir alle Vier einen Besuch im Bandroom und überredeten unsern Chef, uns freizugeben, damit wir nach unsern Familien sehen könnten. Als uns das gelang, gingen wir alle zu Fuß nachhause, so gut wie möglich die Deckung ausnutzend. Autobusse fuhren nicht, da alle Fahrer mit Bussen eingezogen waren.

In der Küche fand ich nur einen Zettel von meiner Frau, dass Rina sie alle zu sich in den größeren und bequemeren Schutzraum ihres Hauses genommen hatte. So musste ich den halben Weg wieder zurück gehen und fand alle vor, außer Noach, von dem ich berichten konnte, dass ich ihn in Bar Giora getroffen hatte. Rolf hatte Jenni und Ronit in der Nacht ohne Licht mit seinem Motorrad zu Rina gebracht, wo sie mit Rina und ihrer 2 Monate alten Tochter Nurit zusammen sein konnten. Die meisten dort waren ganz junge Menschen, und die Stimmung war ganz unten. Alle waren auf das Schlimmste vorbereitet. Sobald es dunkel wurde, fuhr ich mit Rolf, wieder ohne Licht um nicht beschossen zu werden, zu Offizier Gribov. Ich unterrichtete ihn über meine Adressänderung und wir kamen wieder zu Rinas Schutzraum zurück. Es wurde noch geschossen. Wir hörten auch Granatexplosionen, aber sehr viel weniger als am Tag vorher. Es waren einige Frauen und Kinder sowie ein amerikanisches Ehepaar mit 5 Kindern dort. Der Vater war Halbjude, die Mutter Christin. Sie sagten, sie seien messiasgläubige Juden. Wir sprachen meist englisch. Er meinte, solange wir Granatexplosionen hörten, bestünde in den Kellern keine Gefahr, dass Ägypter oder Jordanier in die Häuser kämen, um die Israelis zu ermorden. Auch der dritte Tag verging, ohne dass das Radio israelische Nachrichten durchgab. Wir hatten Angst, dass das israelische Nachrichtensystem zusammengebrochen wäre oder sich bereits in arabischen Händen befände. Man hörte nur, was Ägypten in die Welt sandte, dass große Brände in Tel Aviv, Haifa und Jerusalem ausgebrochen wären. Wir sahen zwar kein Feuer, aber die Luft war voll Rauch. Mittlerweile gingen wir in die Wohnungen zum Essen, auch zum Schlafen. Der Schutzraum wurde nur noch als Aufenthaltsraum benutzt. Zu unsrem großen Ärger und Angst fuhr Rolf mit dem Motorrad zu seiner Schule und zu seiner jemenitischen Freundin. Er berichtete, dass er keine Brände oder andere gefährliche Dinge gesehen hätte.

Am vierten Tag mittags sagte man endlich im Radio von israelischer Seite, dass es doch einem Journalisten in Israel gelungen wäre, die Zensur zu durchbrechen und der Welt die wahre Situation mitzuteilen. Daher würde man von jetzt an wieder Nachrichten senden. Denn Israel hatte die Jordanier wieder in ihre ursprünglichen Grenzen von vor 1948 zurückbegleitet wie auch Ägypten in ihr eigenes Land gebracht, sodass auch die jüdischen Gebiete wie Judäa und Samaria und der ganze Sinai von den Fremden befreit waren. Doch das Allerwichtigste war, dass Jerusalems Altstadt und das ganze östliche Jerusalem wieder unter israelischer Herrschaft vereint war und somit auch der alte jüdische Friedhof auf dem Ölberg, die Universität und das erste Hadassah-Hospital auf dem Skopusberg und vieles mehr. Jeder kann sich vorstellen, welche Freude sich bei uns ausbreitete. Wir im Hause von Rina trafen uns alle wieder im Schutzkeller und feierten den Sieg mit den wenigen primitiven Mitteln, die uns zur Verfügung standen.

Und plötzlich sprach unser neuer amerikanischer Freund nicht mehr von ‚den Israelis' und den Jordaniern. Er sagte nur noch: W i r und die Jordanier. Er war auch stolz darauf, dass er das Land nicht am Vorabend des Krieges verlassen hatte, wie die amerikanische Botschaft in Tel Aviv seine Familie aufgefordert hatte.

Sobald die Wahrheit in der Welt bekannt wurde und überprüft war, weckte die UNO ihre Mitglieder zu einer Sondersitzung und kam sofort zu dem Beschluss, dass Israel auf der Stelle die Waffen niederzulegen und die kriegerischen Handlungen einzustellen hätte. Unsre Regierung reagierte wohl nicht gleich, denn sie hatte noch einen Angreifer im hohen Norden in sein eigenes Land zurück zu werfen, nämlich Syrien und befreite in den letzten 2 Tagen den Golan. So endete der Sechstage-Krieg mit einem Sieg für Israel, wobei man noch heute in den internationalen Kreisen darüber grübelt, wie so etwas möglich war. Nur eins ist sicher bis zum heutigen Tag, dass die israelische Regierung richtig gehandelt hat, durch Zensur zu verhindern, dass der wirkliche Kriegsverlauf veröffentlicht wurde. Die UNO hatte sich zu oft verraten in der ungerechten Behandlung Israels.

Am fünften Tag wurde ich benachrichtigt, mich sofort bei meiner Arbeit einzufinden. Jetzt mussten wir von einer Militäreinheit zur anderen fahren, um unsre müden Soldaten wieder aufzumuntern. Am sechsten Tag, als in Nordgaliläa noch gekämpft wurde, spielten wir schon in Hebron. Als wir aus den gemieteten Bussen ausstiegen, umringte uns eine unzählige Menge von jungen und alten Arabern, die uns freundlichst die Hand schütteln wollten zum Dank für die Befreiung von den Jordaniern. Das konnte ich damals nicht begreifen: Warum musste man dann gegeneinander Krieg führen?

Warum konnten die palästinensischen Araber sich nicht selbst von den jordanischen Arabern befreien oder wenigstens Widerstand leisten in der Zeit der Besetzung von 1948-1967?! Jedenfalls waren sie geschockt, denn sie hatten natürlich auch den ägyptischen Nachrichten geglaubt. Plötzlich waren die Tatsachen das totale Gegenteil von dem, was sie in den ersten Tagen des Krieges bereits gefeiert hatten! Nun aber galt es, bei den Israelis Mitleid zu erwecken wegen der Unterdrückungen, die sie als Palästinenser von ihren jordanischen, syrischen und ägyptischen Brüdern zu erleiden gehabt hatten.

Diesmal siegte der sehr kleine David über 6 große kräftige und ölreiche Goliaths. Die Welt war überrascht von dem hervorragenden Resultat des israelischen Kampfes. Das Schönste von allem war, dass wir nach diesem Krieg ein ganzes Jahr in Frieden leben durften, ohne jegliche Angriffe oder Terrorhandlungen. Es blieb die einzige Zeit seit der Neugründung Israels 1948, in der wirklich Frieden herrschte. Leider war dieser Sieg die einzige Verhandlungsmethode, die unsre Nachbarn verstanden und akzeptierten. Doch konnte Israel trotz intensiver Versuche keine Versöhnung oder diplomatische Beziehung mit den arabischen Regierungen erreichen, schon gar nicht mit Hilfe der UNO, die immer negativ gegen Israel eingestellt war, nicht zuletzt weil ein Drittel der Mitgliedsstaaten moslemisch waren und bis heute sind. Da wir diesen Krieg gewannen, durften wir weiter am Leben bleiben und weiter hoffen.

Nach einigen Wochen, in denen Grenzverhaue und Stacheldrähte entfernt wurden, wurde eines Tages Ost-Jerusalem für die Bevölkerung freigegeben. Es sollte ab 12 Uhr mittags sein, aber als ich um halb 8 Uhr aus dem Haus kam, waren bereits unsre Straßen und Gehsteige voll Eselmist. Es wimmelte nur so von Arabern auf unsrer Seite Jerusalems, die ihre Esel sowohl als Transportmittel wie auch als Laden und Musterkoffer benutzten. Sie boten uns alle Arten von Gemüse an, sowie Teppiche und alles, was man an einem Esel befestigen oder auf ihm transportieren konnte. Wir waren gewöhnt in Sandalen zu gehen, aber bald waren die Sandalen voll mit Mist. Es war schrecklich! Mitten in der Stadt, in Straßen mit Ampeln, entstand ein Durcheinander, da unsre Nachbarn keine Ampeln und auch nicht die Bedeutung der Lichtfarben kannten. Einige klatschten vor Freude in die Hände, als bei grünem Licht die Autos einer Straßenseite davonfuhren.

Bereits am vierten Kriegstag hatten alle Regierungsmitglieder an der Klagemauer, die nun für uns Juden in der Altstadt wieder erreichbar war, einen Eid geleistet, dass Jerusalem nie wieder geteilt werden würde. Jeden Tag wurden weitere Persönlichkeiten dabei fotografiert und in den Zeitungen erwähnt.

Nachdem die Zäune rund um die Altstadt abgerissen waren, sammelten Arbeiter der Stadtverwaltung alle Arten von Abfällen ein, die dort hingeworfen waren wie ausrangierte Türen, Fenster, Toiletten, Steine, Eiskästen und vieles mehr. Das dauerte sehr lange, weil man vermutlich bei der arabischen Bevölkerung in den letzten 19 Jahren keine Müllabfuhr gehabt hatte. Jedenfalls sah es so aus... Danach pflanzte man einen grünen Gürtel um die Altstadtmauer, bestehend aus Rasen und jungen Bäumen. Auch riss man einen großen Komplex von selbstgebauten Wellblech- und Kistenholz-Hütten direkt vor der Klagemauer ab, nachdem man für die dort lebenden armen Araber bessere Unterkünfte gefunden hatte. Trotzdem war noch ein fürchterlicher Gestank innerhalb der alten Mauer wegen fehlender Abwasserleitungen. Diese und die Ruinen des jüdischen Viertels wurden sofort in Angriff genommen. Natürlich dauerte alles eine Reihe von Jahren, aber es gelang. Heute gibt es darüber hinaus viele andere neu fertiggestellte Projekte in der Altstadt zu bewundern.

Immer wenn uns als Familie eine schwierige Situation bedrückte, kamen mir Zweifel, ob ich nicht doch falsch gehandelt hatte mit dem Heimkehren nach Israel nach 2000 Jahren. Wäre es nicht besser gewesen, die dänische oder schwedische Staatsangehörigkeit anzunehmen?

Ein leichteres Leben hätten wir vermutlich gehabt - aber sowohl Jenni als auch ich waren letztlich mit unserm Beschluss zufrieden.

Jetzt nach dem Krieg in der unendlich schönen Friedenszeit mit unsern Nachbarn und mit den ,Einspritzungen' der Entschädigungssummen aus Deutschland fühlten wir uns wieder mal richtig wohl. Doch immer wenn wir uns aufgerappelt hatten und es uns gut ging, nahm irgendetwas uns den Wind aus den Segeln. So auch dieses Mal: Jenni sagte mir eines Abends, dass sie etwas in der Brust fühle, was nicht dahin gehöre. Am nächsten Tag ging sie zur Untersuchung zu Frau Dr. Rudnitzka. Unsre Hausärztin meinte, es wäre nichts Ernsthaftes. Da am nächsten Tag ein Spezialist zu ihr kommen würde, könnte er Jenni gleich mit untersuchen. Es wurde eine Gewebeprobe aus der Brust entnommen. Mehr als eine Woche mussten wir auf die Antwort warten. Die war leider positiv und machte eine Amputation notwendig. Was wir dann durchmachen mussten, war einfach schauderhaft. Nach der schweren Operation musste Jenni jeden Tag zu verschiedenen Bestrahlungen ins Krankenhaus gebracht werden. In dieser Zeit fühlte sie sich elend und völlig kraftlos. Mein Vater bot sich an, sie im Auto zur Behandlung zu bringen, um ihr die Fahrt in den überfüllten Autobussen zu ersparen, was wir mit Dank annahmen. Wir grämten uns sehr über Jennis schmerzhafte Invalidität und hatten weiter große Angst für die nächste Zukunft vor dieser schlimmsten Krankheit unsrer Zeit.

Von Familie Weißgerber in Tel Aviv kauften wir einen gebrauchten Volkswagen, sodass Jenni es leichter hatte ein bisschen aus dem Haus zu kommen. Das würde ihrer Genesung gut tun. So kamen wir zu einem lange von mir erträumten Luxus, einem weißen Käfer mit natürlicher Aircondition durch aufklappbare Seitenfenster vorn und für den Winter mit sehr warmer Heizung. Das muss ich erwähnen, weil ich mich erinnere, dass wir in der Winterzeit an vielen Abenden, wenn es besonders kalt war, mit dem Auto eine Tour gefahren sind, um uns richtig aufzuwärmen. In Israel hatten nämlich damals die wenigsten Häuser Heizung.

Da wir wieder einmal erkannten, wie leicht und schnell das Leben ein Ende haben kann, fanden wir, dass wir uns das Auto leisten und überhaupt das Leben genießen sollten, da wir beide inzwischen schon fast 50 Jahre alt waren. Doch aus Fahrten nach Tel Aviv und Haifa wurde nicht viel, da Jenni lange dazu nicht imstande war. Sie brauchte viel Ruhe und Aufmunterung. Eine große Hilfe dabei waren Rina und ihre

Tochter Nurit, die uns viel besuchten. Ich selbst tat alles, um meiner Arbeit voll nachzugehen, denn sie bezahlte unser tägliches Leben.

Irgendwann traf ich einen Volvo mit dem DK-Zeichen im Heckfenster. Richard Östermann war Däne und erzählte mir, dass es in der Stadt einen Freundschaftsverein für Dänen gäbe. Er lud uns ein, auch Mitglieder zu werden. Das gefiel uns gut, denn da konnten wir wieder einmal dänisch sprechen, hören und etwas über das aktuelle Leben in Dänemark erfahren. Unter anderem erfuhr ich von einer jüdisch-amerikanischen Organisation, die sich mit der Rettung der Juden nach Schweden durch die Dänen im Jahr 1943 beschäftigte und die Ergebnisse in der ganzen Welt verbreitete. Gleichzeitig brachte sie ihre große Hochachtung für das dänische Volk zum Ausdruck wegen dieser einmaligen Begebenheit in den Judenverfolgungen der letzten 2000 Jahre. Um dieser Aktion ein solides Fundament zu geben, sammelte man in ganz Amerika bei Juden Geld, das man den vielen Opfern der dänischen Widerstandsbewegung zukommen lassen wollte. Dies Unternehmen dauerte eine Reihe von Jahren.

Kurz nach der Wiedergeburt des Staates Israel im Jahre 1948 kam eine Delegation der Organisation nach Kopenhagen zu den Leitern der Widerstandsbewegung, um die gesammelten Gelder feierlich mit Dank zu übergeben. Die Mitglieder des Vorstandes dankten gerührt über die große Summe. Doch nahmen sie das Geld nicht an mit der Begründung: "Für die Familien der Betroffenen sorgt der Staat Dänemark selbst. Dass wir unsern jüdischen Mitbürgern das Leben retten konnten, war nur unsre Pflicht als Menschen." Der Vorstand der Dänen schlug jedoch vor, die Gelder sollten an den neuen jüdischen Staat gehen und für wichtige lebenserhaltende Projekte verwendet werden unter Aufsicht der Freundschaftsliga ‚Danmarks Venner (Freunde) i Israel'. Sie empfahlen, die Gelder an eine dringend benötigte Hochschule in Jerusalems großem Neueinwanderer-Stadtteil Gonen gehen zu lassen, die 1967 schon voll im Bau befindlich war. Eine größere Restsumme verwendete man zum Bau der großen Seminar-Gebäude im Jerusalem-Wald am Fuße des Berges von Yad Vashem (Holocaust-Museum). Als Dank durfte der Verein jedes Jahr eine Gruppe von dänischen Studenten kostenlos in das Seminar senden.

Ronit war inzwischen 8 Jahre alt und lernte gut in der Schule. Nebenbei trainierte die Asien-Meisterin Debbi Markus sie für den Hindernislauf. Rolf war am 9.3.1968 19 Jahre alt geworden. Ende Juni hatte er seine Ausbildung als Werkzeugmacher abgeschlossen und wurde zum Militär eingezogen. In Jenni keimte langsam die Hoffnung, dass sie vielleicht doch noch weiterleben durfte. Das half ihr zur schnelleren Genesung. Jennis Krankheit und mehrere Todesfälle im Haus waren wahrscheinlich die Ursache, dass wir Lust hatten umzuziehen. Wir fanden eine 3 ½-Zimmerwohnung in einem nahen, relativ neuen Stadtteil. Das Haus lag hoch auf einem Berg mit schöner weiter Aussicht und war das letzte der Tschernikowskistraße. Da die neue Wohnung auch eine Eigentumswohnung war, musste sie bar bezahlt werden, um den Schlüssel zum Einzug zu erhalten. Die an uns verkaufende Familie musste ihrerseits ihre neue Wohnung fast zur gleichen Zeit beziehen und mit unsrer Barzahlung kaufen. Dasselbe galt für unsre alte Wohnung. Hört sich kompliziert an und ist es auch! Leider konnte der Wohnungstausch erst einen Monat später vorgenommen werden und mein Mal- und Änderungsprogramm, das ich bestens vorbereitet hatte, musste ausfallen. Natürlich musste der Käufer unsrer Wohnung notgedrungen auch einen Monat warten. Während wir auf den Umzugswagen warteten und überlegten, wie wir die neue Wohnung vielleicht doch noch streichen konnten, klingelte es an der Tür. Freudig kam Stig, einer unsrer dänischen Freunde aus einem Kibbuz in Galiläa und brachte statt Blumen, wie er sagte, einen andren Kibbuzhelfer aus Japan mit. Sie sahen aus wie Vater und Sohn, denn der Däne war sicher 2 m groß und der Japaner etwa einen Kopf kleiner als ich. Das hatte uns gerade noch gefehlt, fanden wir, als sie erzählten, dass sie im Kibbuz 3 Tage frei bekommen hatten und nun Jerusalem näher kennen lernen wollten. Wir aber erklärten ihnen, dass wir auf den Umzugswagen warteten und unsre übrigen Sorgen wegen der Wohnung. Sie meinten sofort, mit dem Erkunden der Stadt zu warten und sie stünden zum Streichen zur Verfügung. Als der Lastwagen kam, halfen alle mit und wir fuhren mit dem Volkswagen hinterher. In der neuen Wohnung luden wir unser Hab und Gut ab und stellten es in einen der Räume. Nur die Küchensachen kamen gleich an ihren Platz. Zum Schluss stapelten wir alle Betten übereinander, machten die Tür zu und hatten 2 ½ Räume zum Streichen bereit. Der liebe Gott hatte alles fantastisch vorbedacht: Stig konnte ohne Leiter mit seinem Pinsel von der Decke herunter streichen, ohne sich auf die Zehenspitzen stellen zu müssen. Ich war ihm in der Mitte auf den Fersen mit meinem Pinsel. Nach mir kam der kleine Japaner mit dem unteren Teil. Sogar das Wetter war in diesen Tagen ganz sommerlich: Als wir mit den 2 ½ Zimmern fertig waren, war der erste Raum trocken zum zweiten Streichen. Rina und Ronit halfen beim Saubermachen. Auch Jenni half trotz unsres Protests. Sehr spät am Abend stärkten wir uns mit einem einfachen Einweihungsessen. Am nächsten Tag machten wir weiter, wurden mit den Wänden fertig und verteilten alle Möbel in den Zimmern. Am dritten Tag machte ich mit meinen beiden Rettern einen Stadtrundgang. So waren alle zufrieden und froh!

Im Hinblick auf die großzügige Gabe der dänischen Freiheitsbewegung gelang es uns von der dänischen Freundschaftsliga, unsre Regierung zu einer Dankesreaktion des israelischen Volkes zu veranlassen. So wurde beschlossen, dass im Oktober 1968 zum 25. Jahrestag der Rettung der Juden von Dänemark nach Schweden eine spezielle dänische Woche gefeiert werden sollte. Viele Kinos im ganzen Land spielten dänische Filme. In Jerusalem wurde ein schöner Platz als ‚Dänemark-Platz' eingeweiht, der an einer der größten Hauptstraßen der Stadt, dem Herzl-Boulevard, lag. Dort wurde als Kunstwerk des Bildhauers Roda Reilinger ein Schiffswrack aus Eisenblech platziert. Auf Kupfertafeln waren in 5 Sprachen folgende Tatsachen eingraviert:

"Im Oktober 1943 widersetzte sich das dänische Volk durch ihre Freiheitskämpfer der nazistischen Besetzung ihres Landes, indem sie ihre jüdischen Mitbürger retteten. Im Laufe von 10 Nächten wurden fast alle dänischen Juden, mehr als 7000 Menschen, über den Öresund in Fischerbooten nach Schweden gebracht. Der Mut der Dänen und die schwedische Gastfreiheit bilden einen unersetzlichen Beweis für menschliche Werte in einer barbarischen Zeit. Die Juden der ganzen Welt werden es niemals vergessen."

Am Tag darauf wurde die neue Hochschule, die Dänemark-Schule, in Gonen eröffnet. Auch hier waren viele Persönlichkeiten dabei, einschließlich des diplomatischen Korps, das Polizeiorchester sowie viele angereiste dänische Freiheitskämpfer. All die Dankeskundgebungen dieser Woche waren für mich eine besondere Freude und erfüllten mich mit Stolz, da ich dazu beigetragen hatte, dass sie stattfand - wenn auch nur als kleine Schraube des Apparates. Trotzdem erhielt ich gerade zu

Anfang der ganzen Aktion die kälteste Dusche meines Lebens. Meine Idee, zu dem großen Empfang im King David Hotel nicht nur die Retter sondern auch die Geretteten einzuladen, stieß bei einem Journalisten auf begeisterte Resonanz. Als wir aber mit viel Mühe im ganzen Land die Adressen ermittelt und dem dänischen Botschafter per Express eine Liste gesandt hatten, fand dieser die Zahl bei weitem zu groß. Da er höchstens 10 zusätzliche Leute einladen wollte, beschlossen wir, mit den andren Geretteten ein eigenes Treffen zu veranstalten, um unsre Lebensrettung und auch ein Wiedersehen nach 25 Jahren zu feiern. Mehr als hundert Teilnehmer kamen zu unsrer persönlichen Jubiläumsfeier. Es wurde ein unvergesslicher Abend, sodass wir beschlossen, uns in Zukunft jährlich im Monat Oktober zu treffen. Der dänische Botschafter empfing mich darauf mit einigen Kameraden, bot uns seinen Garten für diese Zusammenkünfte an und wollte dazu dänisches ‚Öl' (Bier) stiften. Wir sprachen dänisch auf unsern Treffen, worauf der Botschafter sehr stolz war.

Im Januar 1970 fanden Rina und Noach direkt vis-a-vis von unserm Haus eine größere Wohnung, denn Rina erwartete ein zweites Baby. Das war günstig für uns.

Rolf wurde beim Militär aufgrund seines hohen IQ von 125 zu seiner Freude und zu unserm Schrecken zur Pilotenausbildung eingeteilt. Wenn er ab und zu frei hatte, schlief er und verbrachte den Rest der Zeit bei seiner Freundin Dalia. Nach Beendigung der Bestrahlungen ging es Jenni wesentlich besser und damit auch uns.

Viele unsrer skandinavischen Freunde fühlten sich in Israel so wohl, dass sie trotz aller Terroraktivitäten der arabischen Organisationen immer wieder ins Land kamen. Sie reisten mit einem Reisebüro, das eigene dänische Reiseführer hatte, die ihnen viel zeigten, was sie sonst gar nicht gesehen hätten. Unsre Freunde berichteten aber auch von Aussagen der Reiseführer, die sehr nach anti-israelischer Propaganda klangen. Als sich das wiederholte, wurde ich so böse, dass ich mir Gedanken machte, was man dagegen tun könnte. Ich erfuhr, dass diese Guides von ihrem Theologieprofessor der Kopenhagener Universität ausgesucht wurden, der als Antisemit bekannt war.

Unser Touristikministerium hatte auch schon begonnen, sich um die Touristen zu kümmern. Eines Abends riskierten Jenni und ich 6 Dollar in Schekel und erlebten mit Vergnügen einen Folklore-Abend auf englisch in der Deutschen Kolonie, der mit dem Einüben israelischer Volkstänze in dem großen Saal endete. Am nächsten Tag besuchte ich einen höheren Beamten des Ministeriums, der mit dem Folkloreabend zu tun hatte und erzählte ihm von dem Schaden, den die dänische Reisegesellschaft unserm Land durch negative Beeinflussung der Touristen zufügte. So trafen wir uns mehrmals zu Gesprächen. Auch trug ich die Angelegenheit in unserm dänisch-israelischen Freundschaftsverein vor. Nach längeren Debatten mit dem Tourismusbüro wurde Folgendes vereinbart: Jeden Samstagabend 1 ½ Stunden vor Beginn des Folkloreprogramms stellt man uns im Kulturhaus der Deutschen Kolonie einen Raum zur Verfügung. Die dänischen Touristen hätten als Gäste des Freundschaftsvereins freien Eintritt zu einem dänischen Vortrag über das Leben in Israel mit Zeit für die Beantwortung von Fragen. Danach könnten sie, ebenfalls kostenlos, den Folkloreabend besuchen. Diese Samstagabende habe ich als freiwilliger Helfer durchgeführt und organisiert. Die Vortragenden wurden bezahlt. Auf diese Weise habe ich einigen jungen dänischen Ehepaaren zu einem Extraverdienst verhelfen können. Für die nächsten 7 Jahre wurde das mein Hobby und meine Samstagabend-Beschäftigung. Jenni kam anfangs ab und zu mit, zog es aber bald vor, mit Rinas Familie zusammen zu sein.

Das Jahr des Friedens, wie ich die Zeit nach dem Sechstage-Krieg nenne, war leider schon lange vorbei. Neue Terrororganisationen hatten sich gebildet. Dazu gehörte auch in Jordanien eine als PLO bekannt gewordene. Sie sorgten für Unruhe durch Anschläge. Damit begnügten sie sich aber nicht, sondern sie zwangen die jordanische Bevölkerung, sich ihnen anzuschließen. Sie bedrohten nicht nur das Leben derer, die das nicht wollten, sondern auch das Leben von König Hussein, dem es darum ging, sein Amt als Oberhaupt seines Volkes zu behalten. Da bekanntlich Terroristen keinerlei Grenzen kennen und ihre ganze Umgebung terrorisieren, machte König Hussein kurzen Prozess mit ihnen. Er jagte sie mit Hilfe seines Militärs regelrecht aus seinem Land. Dabei gab es viele Tote. Doch leider trafen sie nicht ihren Anführer, den größten Terroristen seiner Zeit, Jassir Arafat, das Vorbild aller berüchtigten Terroristen der Welt. Es gelang ihm, sich mit einem Teil seiner Leute über Syrien in den Libanon einzuschmuggeln. Dort begannen sie, das Gleiche zu tun wie in Jordanien. Wir alle kennen das Ergebnis, was vor allem die Christen, die damals noch die Mehrheit der Bevölkerung bildeten, leiden mussten. Sie wurden in großer Zahl ermordet, nachdem sie vorher alle Arten von Quälereien über sich ergehen lassen mussten. Keiner versuchte sich einzumischen, um den libanesischen Christen zu helfen, nicht der Vatikan, nicht die UN, keine Kirche in der ganzen Welt, nur der winzige Staat der Juden: Israel! Doch habe ich noch keinerlei Anerkennung dieser Tatsache von irgendeiner Seite festgestellt, nur verlogene Anklagen.

Als ich eines Nachmittags von einem Auftritt des Polizeiorchesters nach Hause kam, fiel mir an Jennis Benehmen auf, dass etwas passiert war. Sie erzählte auch sofort, was sie erlebt hatte: Kurz nach dem Mittagessen klingelte das Telefon. Josef Brännborn war am Apparat und erzählte ihr, er sei mit einer ganzen Gruppe aus Broby in einem Hotel in Natania. Jenni war so aufgeregt, dass sie am Telefon nur von ihrer Freude sprach, seine Stimme zu hören, ohne daran zu denken, ihn nach dem Namen des Hotels zu fragen oder wann sie nach Jerusalem kämen. Nach einigen Anfragen im Tourismusministerium fand ich das Hotel der schwedischen Gruppe in Natania. Sofort fuhren Jenni, Ronit und ich voller Spannung auf das Wiedersehen nach Natania. Als wir dort ankamen, war es schon 21 Uhr. Statt nach der Reisenacht und einem ganzen Tag Rundfahrt in ihren Betten zu liegen und zu schlafen, hatten sie aber alle noch einen Spaziergang unternommen. So mussten wir warten. Kurz nach 23 Uhr kam die Gruppe freudig ins Hotel gestürmt, und wir wurden von unsern alten Freunden und Nachbarn umarmt. Es war ein unvergesslicher Augenblick! Man erzählte uns, dass sich das Broby-Orchester unter Professor Seebas gut entwickelt hatte. Er selbst hatte eine Stelle am neuen Gymnasium als Musiklehrer erhalten, sodass Broby im Hinblick auf die Musik die am weitesten entwickelte Kleinstadt der ganzen Umgebung geworden war. Es war schon früher Morgen, als wir unsern VW wieder Richtung Jerusalem lenkten, aber wir hatten einige glückliche Stunden des Wiedersehens mit diesen wunderbaren Menschen erlebt.

Schon zu Weihnachten 1967 gab der jüdische Staat als Geste der Sympathie mit seinen christlichen Bürgern dem Polizeiorchester den Auftrag, das Fest in Bethlehem mit passenden Musikstücken zu verschönern, die wir am Vormittag vor der Geburtskirche spielen sollten, und zwar am 24. Dezember für die römischen Katholiken, am 6. Januar für die griechisch Orthodoxen und am 18. Januar für die armenischen

Christen. Das wurde zu einer festen Einrichtung, solange Bethlehem zu Israel gehörte. Doch nie wagte einer der Kirchenoberhäupter sich nach dem Konzert bei uns zu bedanken. Es wäre zu gefährlich für sie gewesen. Für uns Mitglieder des Orchesters war es einmal mehr eine weltberühmte Stadt, die wir erst nach dem Sechstage-Krieg kennen lernen durften. Wir sahen uns in den Pausen die Geburtskirche an, den Basar, kauften Sonder-Briefmarken samt Extra-Bethlehemstempel für unsre Freunde in aller Welt und genossen die Freundlichkeit der Bevölkerung, die überwiegend Christen waren. In einigen Geschäften dankten sie uns heimlich für die ‚Befreiung von den Moslems', nachdem sie sich ängstlich umgeschaut hatten.

Tante Grethe war die Kindergespielin von Jennis Mutter und hatte uns 1950 bei unsrer Ankunft in Israel am Eingang des Auffanglagers besucht. Sie hatte in der Folge die Aufgabe der ‚Schwiegermutter' übernommen und uns von Zeit zu Zeit besucht. Meistens hatte ich vorher versucht, schnell die Wände zu übermalen und andre Schäden zu beseitigen, aber sie fand immer etwas auszusetzen. Am folgenden Tag gingen Jenni und Tante Grethe in die Stadt und kamen immer mit etwas Neuem für die Wohnung zurück, auf Tante Grethes Rechnung natürlich.

Auch an meinem 50. Geburtstag führte Tante Grethe Regie bei den etwa 100 Gratulanten. So war Jenni als Gastgeberin freigestellt.

Rolfs neues Motorrad von Stig war sein Stolz und verhalf ihm zu Wochenendbesuchen vom Militär. Bald nach meinem 50. Geburtstag war Rolf mit seinem Motorrad auf dem Weg zu uns. Hinter im saß seine Freundin Dalia. Als er in eine Seitenstraße einbog, spazierte dort ein älteres Ehepaar mit seinem erwachsenen Sohn mitten auf der Fahrbahn. Rolf gelang es im letzten Moment abzubremsen. Doch der Sohn gab Rolf einen Faustschlag ins Auge und der Vater schlug auch auf Rolf ein. Dieser konnte sich nicht wehren, da er mit beiden Händen das Steuer des Motorrades halten musste. Sonst wäre Dalia mit dem Motorrad umgekippt und zu Schaden gekommen. Als Dalia erfasst hatte, was vorging, sprang sie ab. Erst da konnte Rolf das Motorrad fallen lassen und sich wehren. Es half, dass er in Uniform war. Mit Hilfe von anderen Zuschauern konnte er die beiden Angreifer abwehren und ihre Identität feststellen. Rolf konnte auf dem einen Auge nicht mehr sehen und kam gleich in ein Krankenhaus. Für Rolf, aber auch für uns als Eltern wurde das zu einer Schicksalsfügung, denn er konnte auf Grund der Behandlung seines Auges 2 Monate lang nicht an seinem Flugkurs teilnehmen. Er war nicht gewillt, nochmals von vorn zu beginnen. Das Auge konnte gerettet werden - aber Rolf wurde nicht Pilot. Jenni und ich dankten GOTT dafür.

All unsre Freunde wussten, dass ich gern Auto fuhr und gaben mir reichlich Gelegenheit dazu. Wegen der vielen Aufgaben durfte ich auch nie schlapp machen. So bat mich ein guter Bekannter, ob ich seine betagte Mutter, aus Zürich kommend, vom Flugplatz Ben Gurion abholen könnte. Ich war rechtzeitig auf dem Flugplatz und begab mich gleich zur Ankunftshalle des Gepäcks, um bereits dort der Dame mit dem Koffer behilflich zu sein. Der Flug aus Zürich hatte eine Stunde Verspätung, aber gleich sollte ein Flugzeug aus Kopenhagen ankommen. Ich war gespannt, ob ich einen Bekannten treffen würde. Tatsächlich traf ich Stig, der mit seiner Braut im Kibbuz Hochzeit feiern wollte. Einige Minuten später war die Halle wieder fast so leer wie vorher. Außer mir stand nur noch eine Dame mit einem großen Koffer da. Ich drehte einige Runden, denn es war recht kühl. Als ich nach etwa 15 Minuten wieder zurückkam, saß sie auf dem Kofferwagen und wartete immer noch. Da fragte ich sie auf dänisch, ob sie jemand erwartete. Sie antwortete, dass sie leider nicht abgeholt würde. Im Flugzeug hätte man ihr aber gesagt, dass so spät kein Bus mehr nach Jerusalem ginge. Außerdem litte sie gerade an einer schlimmen Migräne, sodass sie unfähig wäre zu überlegen, was zu tun sei. Ich bot ihr an, sie im Auto mit nach Jerusalem zu nehmen, sobald der Züricher Flug angekommen sei. Sie nahm dankend an. Ich zeigte ihr eine bequemere Bank. Nach einer halben Stunde hatte ich beide Damen samt Gepäck zu meinem Volkswagen gebracht. Die Züricher Israelin erzählte mir vorn ihre Reiseerlebnisse, während die Dänin hinten, wie ich hoffte, ihre Migräne ausschlief. Zuerst brachten wir die alte Dame nach Hause. Dann fragte ich die Dänin, wohin sie in Jerusalem wollte. Sie zeigte mir die Adresse auf einem Briefumschlag. Ich las: Talitha-Kumi-School, Beit Jala. Zwar wusste ich, dass dieser Ort bei Bethlehem liegt, aber ich war noch nie dort. Er wurde erst 1967 von den Jordaniern befreit. Ich wusste, dass dort nur Araber wohnten und hatte keine Lust, mitten in der Nacht in einem mir unbekannten Dorf nach einer Adresse zu suchen. In meiner Verzweiflung musste ich wieder einmal meiner Jenni einen Gast bringen. Ich konnte doch die Dänin nicht zu dieser Nachtzeit in einer für sie unbekannten Stadt absetzen! Zuhause brachte ich sie in unsre gute Stube und ging zu Jenni ins Schlafzimmer, um sie zu wecken. Sie drehte sich auf die andre Seite und gab einen lauten Schnarchton von sich, als wollte sie sagen: Ich schlafe! Aber ich kannte Jenni zu gut und ging zu der Dänin und fragte sie nach den näheren Umständen ihres Besuchs in Israel. Ihr Name war Maren Holm-Pedersen. Sie hatte sich auf eine Annonce hin verpflichtet, 7 Monate als freiwillige Helferin in einer arabisch-christlichen Schule zu arbeiten. Nach 2 Minuten kam Jenni im Bademantel und ich erklärte ihr die Situation. Jenni ging in die Küche, kochte Kaffee und brachte auch einige belegte Brote mit. So kamen wir auf die gute Idee, den leitenden Direktor des Auguste-Viktoria-Krankenhauses anzurufen. Er war auch Däne und wir fragten ihn, ob er die Schule kenne und uns helfen könne. Zu unsrer Überraschung bejahte er die Frage, stellte aber die Bedingung, dass ich mitkomme, denn er wage nicht nachts allein diesen Weg zu fahren. Eine halbe Stunde später waren wir drei auf dem Weg zur Schule nach Beit Jala. Nach weiteren 20 Minuten standen wir vor dem Schulgebäude. Doch bis uns jemand einließ, verging noch eine halbe Stunde. Eine mürrische alte Dame in Schwesterntracht nahm die freiwillige Helferin entgegen, statt eine so bereitwillige Person selbst vom Flugplatz abzuholen. Das gab mir viel zu denken, besonders als ich später erfuhr, dass die Schule einen Volkswagenbus zur Verfügung hatte! Aber ich habe in meinem Leben schon viel über das gute Herz und Nächstenliebe - zumindest g e h ö r t.

Meiner Familie ging es gut. Jenni ging es immer besser. Wir konnten wieder ihre große Familie in Tel Aviv besuchen und auch Tante Grethe in Haifa. Der größte Teil der Einwandrer unsrer Zeit hatte nach 10 Jahren in Israel begonnen, sich zu normalisieren und ein mehr oder weniger gutes Leben zu führen. Anfang Februar 1971 fiel mein 82jähriger Vater beim Frühstück vom Stuhl und starb. Er hatte sich aber noch an seinen beiden Urenkelinnen Nurit und Ejnat erfreuen können. Rolf benötigte nach seiner Augenoperation 2 Monate, bis er wieder richtig auf seinem Auge sehen konnte. Da er von der Fliegerei schon viel verstand, willigte er ein, sich zum Fluglotsen ausbilden zu lassen. 7 Jahre blieb er bei einer Station im Militärdienst. Rolf und Dalia heirateten am 17. August 1971 im selben Saal wie Rina wieder unter den Klängen des Polizeiorchesters. Die Beiden suchten sich eine Wohnung im Süden des

Landes in einer sehr kleinen Stadt in der Nähe von Rolfs Arbeit. So begannen sie ihr eignes Leben aufzubauen.

Als ich eines Abends in der Stadt lange nach einem Parkplatz gesucht und meine Angelegenheit erledigt hatte, sprang bei der Rückkehr zu meinem Auto eine junge Dame aus einem dort geparkten Minibus heraus und begrüßte mich freudig. Es war Maren Holm-Pedersen. Ich freute mich sie zu treffen, machte ihr aber Vorwürfe, warum sie sich monatelang nicht gemeldet hatte. Sie entschuldigte sich damit, dass sie sich schämte, uns so sehr belastet zu haben. Aber sie versprach, uns bald zu besuchen. Sie war nicht sehr begeistert von ihrem Arbeitsplatz. Heute hatte sie die Oberschwestern in ihrem Minibus zum Konzert des Israelischen Philharmonie-Orchesters gebracht. Jetzt musste sie ca. 2 Stunden warten, bis die Damen wieder nach Hause fahren wollten. Sie hatten sie nicht zum Konzert eingeladen. Auf meine Frage nach ihren Aufgaben erwiderte sie, dass sie alle Arten anfallender Arbeiten ausführen müsste vom Reinemachen, Stopfen, Nähen bis zum Autofahren und das als ausgebildete Krankenschwester und unbezahlte freiwillige Helferin. Ich empfand das im höchsten Grade als Ausnutzung. Darüber hinaus ließen sie ihre Helferin 2 Stunden auf dem Parkplatz frieren, während sie selbst ein Konzert genossen... Bald danach kam sie zu uns zu Besuch. Eines Samstagabends nahm ich Maren mit zu einem der Abende, die ich weiterhin für die dänischen Besucher Jerusalems abhielt. Das gefiel ihr so gut, dass sie fortan häufig mitkam und mir mit Rat und Tat zur Seite stand. Wenn ich einmal verhindert war, konnte sie mich bald vertreten.

Am 12. Dezember 1972 gebar Dalia unsern dritten Enkel Amit. Die Beschneidung fand am achten Tag statt in der Synagoge der neuen hebräischen Universität Givat Ram.

Mit dem Orchester wurden wir endlich in richtigen Autobussen transportiert, was eine wundervolle positive Veränderung meiner chronischen Magenschmerzen zur Folge hatte. Unser junger zweiter Dirigent konnte selbst für das Orchester Arrangements schreiben, sodass wir unsre Zuhörer auch mit Modestücken der israelischen Musik, Schlagern und Jazz bedienen konnten. Er hieß Efraim Katz und sollte unsern Dirigenten Gribov ablösen, der das Pensionsalter bereits überschritten hatte. Ansonsten wuchs das Orchester durch russische Neueinwanderer und die Arbeit bereitete uns immer mehr Freude.

Nach Ablauf der 7 Monate in der arabischen Schule kehrte Maren nach Dänemark zurück, um ihre Stelle als Krankenschwester zu kündigen. Sie ärgerte sich über den Judenhass der deutschen und arabischen Nonnen in Beit Jala, die natürlich auch die Kinder negativ beeinflussten. Als überzeugte christliche Zionistin beschloss sie, von jetzt an dem Judenstaat dienen zu wollen. Nach etwa einem halben Jahr kam sie nach Israel zurück, arbeitete in der Nähe von Tel Aviv als Krankenschwester und lernte gleichzeitig die hebräische Sprache. Ende 1973 kam ihr Schwager Kurt zu Besuch, wohl um heraus zu finden, warum sie lieber in diesem unruhigen Land als im friedlichen Dänemark leben wollte. An einem Wochenende hatte ich frei und fuhr mit Jenni, Ronit, Kurt und Maren nach Galiläa. Nach der Rückkehr war Kurt sehr begeistert von unserm Land. In guter Stimmung meinte er, ich solle mal mit meinem Wagen nach Dänemark kommen, damit er das Auto überholen könne. Er besaß nämlich eine Autowerkstatt und Tankstelle. Als ich ihn darauf aufmerksam machte, dass ich solche Angebote ernst nähme, lachte er nur und erwiderte, er meine die Einladung auch ernst.

Unsre wirtschaftlichen Verhältnisse waren durch Entschädigungszahlungen an Jenni und mich in Ordnung gekommen. Doch ich fand, ich sollte weiter all meine Arbeitsstellen beibehalten, solange es mir gefällt und Jenni sollte unsern Haushalt führen. Ronit war inzwischen 12 Jahre alt. Ihre Batmizva-Feier (die jüdische Urform der christlichen Einsegnung) war ein weiterer sehr vergnüglicher Meilenstein im Leben unsrer Familie.

So ging das Leben weiter und hätte sehr schön sein können, wenn nicht wieder der Anti-Semitismus, Anti-Israelismus oder ganz einfach Judenhass neuen Aufschwung erhalten hätte. Diesmal durch den Welterpresser und Mörder Jassir Arafat, der gern Hitlers Idee, die Ausrottung der Juden, zuende führen wollte. Dabei wandte er die Methode von Hitlers Propagandaminister Josef Göbbels an: "Je öfter man eine Lüge wiederholt, desto schneller wird sie als Wahrheit anerkannt." Er hatte seine Terroristen in verschiedenen Ländern in Militärlagern ausbilden lassen mit dem Ziel, die Juden in ihrem eigenen Land Israel zu beseitigen. Langsam verschwand die Fremdenlegion. Statt dessen entstanden die Terroristenlager, denn Arafat zahlte bessere Gehälter, die er leicht von allen Ölstaaten auspressen konnte. Diese brauchten ja nur den Preis etwas zu erhöhen und es wurde auf die ganze Welt verteilt. Das ging so weiter bis zum heutigen Tag. Jedes Mal, wenn die Ölpreise erhöht wurden, war sehr bald auch bekannt, wo die nächsten Kriegshandlungen, Terror oder Massenmorde ausgeführt werden sollten. Wie sich herausstellte, war es diesmal wieder gegen die Juden in Israel gerichtet, und zwar an ihrem heiligsten Feiertag, dem Jom Kippur, der am 6. Oktober 1973 mit Gebeten in allen Synagogen von fast allen Juden abgehalten wurde. Keinerlei Arbeiten oder Dienste durften an diesem Tag verrichtet werden außer den für die Erhaltung des Lebens notwendigen. Keinerlei Verkehr war erlaubt mit Ausnahme des Fahrens von Krankenwagen, Polizei- und Militärautos. Das ganze Volk fastete Tag und Nacht 25 Stunden lang wie jedes Jahr. Aus allen Militäreinheiten waren die meisten Soldaten beurlaubt worden . In der Mitte des hohen Feiertages um 14 Uhr heulten plötzlich die Sirenen und informierten uns, dass Krieg ausgebrochen war. Radio und TV, die auch am Jom Kippur nicht in Betrieb sein durften, begannen dem Volk mitzuteilen, dass Ägypten angegriffen habe und Syrien in den Golan einmarschiert sei. Beide kämen schnell vorwärts, da auf Israels Seite zu wenige Soldaten im Dienst waren, um effektiv Widerstand leisten zu können. So wurde der Feiertag sofort abgebrochen. Das Radio gab schnell Codeworte zur sofortigen Militäreinberufung durch. Die vorher so stillen Straßen waren auf einmal voller Autos, denn alle eilten zu ihren Einsatzorten. Nasser hatte bereits den sicheren Sieg vor Augen, ebenso Syrien im Golangebiet. Doch nach einigen Tagen starteten wir einen Gegenangriff. Einem unsrer Generäle, Ariel Sharon, gelang es, die ägyptischen Truppen einzukreisen und sie von ihrem Hinterland abzuschneiden. So gewannen wir über die Ägypter die Überhand und hatten mehr Zeit, uns mit den im Norden kämpfenden Syrern zu beschäftigen, die zusätzlich Verstärkung durch Einheiten aus dem Irak erhalten hatten. Wir ‚begleiteten' die Syrer bis 30 km vor Damaskus. Später zogen wir uns wieder zu den Grenzen des Golan zurück. Der Krieg endete am 11. November 1973. Vor dem Angriff der Araber hatte sich Ministerpräsidentin Golda Meir von Amerika beruhigen lassen, dass die von uns dorthin gemeldete militärische Konzentration unsrer Feinde ringsum nur militärische Übungen seien. Diese naive Unachtsamkeit hat uns viele Menschenleben gekostet, sowohl Tote wie auch in Kriegsgefangenschaft geratene Soldaten. Nun hoffte ich, dass Israel endlich daraus gelernt hätte, sich nicht auf andre Meinungen zu verlassen. Golda Meir und ihr Sicherheitsminister Moshe

Dajan wurden zwar abgesetzt, doch leider kam dadurch keiner unsrer gefallenen Soldaten zum Leben zurück.

Der Jom-Kippur-Krieg gehört leider auch zu meinen Lebenserfahrungen und war nervlich einer der schwierigsten für uns alle. Gott sei Dank hatte meine Familie keine Verluste zu beklagen, aber das normale Familienleben war für die Kriegszeit unterbrochen und es dauerte eine Weile, bis man wieder in den gewohnten Gleisen war.

Anfang 1974 sagte mir der Leiter einer dänischen Gruppe an einem unsrer Samstag- Abende, draußen sitze eine deutsche Teilnehmerin, weil nur Dänen eingeladen seien. Diese Dame hätte sich sehr merkwürdig benommen, als die Gruppe tags zuvor im Holocaust-Museum war. Sie sei sehr schnell hinausgelaufen. Man hätte sie später weinend auf einer Bank wiedergefunden. Nachdem ich mich dieser Dame als Leiter des Treffens vorgestellt hatte, erklärte ich ihr, dass sie auch als Deutsche herzlichst eingeladen sei, zumal sie gut dänisch sprach. Nach dem Ende des Programms besorgte ich für je 7 Personen Taxis zurück zum Hotel. Zum Schluss blieben noch 2 Damen übrig. Eine war wieder die Deutsche, deren Name Helga Sönnichsen war. Ich brachte sie im Auto zu ihrem Hotel, indem ich auf dem Weg gleich eine Rundtour ‚Jerusalem by Night' mit besonders schönen Ausblicken machte. Beim Aussteigen bat Helga S. um meinen Namen und Adresse und erhielt meine Visitenkarte. Als ich am nächsten Tag vom Orchester zurückkam, berichtete Jenni, wir hätten eine sehr nette neue Freundin, Helga S., die sie besucht hätte, um sich mit einem großen Blumenstrauß für die gute Betreuung zu bedanken.

Zurück in die Vergangenheit

Als wir merkten, wie sehr wir im Stress lebten, beschlossen wir, einen langen Urlaub zu machen. Es war übrigens der erste, denn wir hatten noch nie richtig Urlaub gehabt. Wir wollten 1974 in den großen Ferien 2 Monate lang unsre erste ‚Ausruh-Reise' unternehmen. Da Israel nur von Todfeinden umzingelt war, die Israelis keine Durchreisevisa genehmigten, gab es nur 2 Möglichkeiten nach Europa zu gelangen: Per Flugzeug und mit einer Schiffsreise. Wir wollten mit unserm VW einen Teil der Strecke in Europa fahren, auch damit er von Marens Schwager Kurt, wie versprochen, überholt werden konnte. Gleichzeitig wollten wir im Vorbeifahren all unsre neuen und alten Freunde besuchen. Wir fanden eine Schifffahrtsgesellschaft, mit der wir in einer Kabine mit dem Auto an Bord von Haifa bis Venedig reisen konnten.

Im Juli 1974 begann der voll Spannung erwartete Tag mit der Autotour nach Haifa. Nach einem Besuch bei Tante Grethe und Familie fuhren wir mit dem VW auf das griechische Passagierschiff, das um 21 Uhr Richtung Zypern in See stach. Wir machten Halt im Hafen von Zypern, auf der Insel Rhodos, besichtigten die Ruinen von Athen und lernten Piräus kennen. In Venedig fanden wir unsern VW irgendwo im Schiffsbauch und fuhren stolz vom Schiff in den Hafen und reisten weiter nach München. Im Zentrum der Stadt durften wir unser Auto samt Inhalt in einer Polizeistation abstellen, denn ich war Mitglied der International Police Organization und hatte meine Karte bei mir. Wir unternahmen einen Stadtbummel und besuchten ein riesiges Warenhaus, um Ronit den Unterschied zwischen Jerusalem und München zu zeigen. Darauf eilten wir zurück zur Polizeistation und fuhren ohne Pause weiter in Richtung Norden, bis es anfing dunkel zu werden. Es war schon nach 22 Uhr, als wir vom Fahren sehr ermüdet auf die Uhr schauten und erstaunt feststellten, dass hier die Sonne noch schien, während in Israel schon seit 3 Stunden völlige Dunkelheit herrschte. Je weiter wir in den nächsten 2 Tagen nach Norden kamen, desto deutlicher merkten wir: Es war doch nicht so ganz einfach mit unsern Gefühlen, nach 35 Jahren wieder in Deutschland zu sein und mit den Einwohnern zusammen zu treffen. Unsre Gedanken gingen natürlich auf dieser Fahrt automatisch zu den schmerzhaften Erlebnissen von früher zurück.

In Jütland fuhren wir über die Grenze nach Dänemark. Dort wurden wir von der Familie von Ulla Ellegaard, die uns in Israel eine liebe Freundin geworden war, herzlich aufgenommen und gut bewirtet. Als Überraschung kamen auch Marens Schwester Esther und Schwager zum Essen. Sie holten uns quasi ab. Kurt meinte, er müsse nun als Automechaniker den uralten VW zum Fahren übernehmen, damit er herausfinde, womit er ihn wieder jung und kräftig machen könnte. Er setzte sich zu Jenni und Ronit in den Käfer und ich mich neben Esther. Wir kamen gut in ihrer neuen Villa an. Diese lag gleich hinter seiner Tankstelle und der Autowerkstatt. Neben der breiten Ausfahrt zur Hauptstraße Nord-Süd befand sich ein altes Holzhaus, in das wir für die nächsten Tage einziehen durften. Es war ein ganz wunderbares Quartier. Da die Reparatur etwa 10 Tage dauern sollte, ließ ich mich zum Benzinverkäufer schulen und übernahm die Tankstelle. Die meisten Kunden konnte ich in ihren eigenen Sprachen begrüßen. Eines Tages kam ein Auto aus Schweden, als Esther von der Villa her rief: "Rudi, du hast einen Telefonanruf!" Als ich wieder aus der Villa kam, stand das schwedische Auto neben der Haustür. Der Fahrer fragte mich, ob ich Rudi Sinnreich sei. Plötzlich sprang aus dem Auto eine junge Frau heraus, fiel mir um den Hals und sagte: "Also habe ich mich nicht geirrt! Ich habe dich gleich erkannt, konnte aber nicht verstehen, wieso du hier in Dänemark in einer Tankstelle beschäftigt bist?!" Sie war die Tochter meines früheren Arbeitgebers in Schweden! Damals war sie ein Mädchen von 12 Jahren gewesen. Jenni freute sich auch sehr über das unverhoffte Wiedersehen, bevor die Familie weiter in den Urlaub fuhr. Sie sollten aber niemand etwas sagen. Wir wollten nämlich Josef Brännborn in Broby zu seinem 50. Geburtstag mit unserm Besuch überraschen.

Der VW wurde fertig gestellt. Er hatte einen neuen Motor und neue weiße Farbe erhalten. Viele Teile waren verjüngt worden, sodass er wieder bereit war für die krummen Sprünge, die ich ihm aufzwingen würde, wie Kurt sagte.

Am nächsten Tag fuhren wir mit der Fähre von Helsingör nach Helsingborg und im erneuerten Käfer weiter nach Broby, in ‚unsre' Stadt, zu unsern Freunden, nach 24 Jahren. Es ist ganz unmöglich zu beschreiben, wie wir von Josef und seiner Familie empfangen wurden. Die meisten Geburtstagsgäste kannten uns noch. Kurz nach unsrer Ankunft hielt Josef eine Begrüßungsrede. Voller Stolz bezeichnete er seine Gäste als internationale Repräsentanten mit friedlichen Absichten. Gratulanten waren aus Amerika, Dänemark, Norwegen und Israel erschienen.

In Broby erlebten wir eine unvergesslich schöne Zeit und täglich viele Einladungen. Ronit zählte sie. Der Rekord waren 17 Besuche an einem Tag. Bei einer Orchesterprobe der Broby-Musikgesellschaft wurde ich als Gründer gefeiert.

Auf dem Weg zurück nach Kopenhagen besuchten wir unsern Freund Alex Jonsson mit seiner Frau Karin und den beiden Söhnen. Auch trafen wir unsre dänischen Freunde Axel und Ib, die beide verheiratet waren und Bauernhöfe bewirtschafteten. Die modernen Maschinen leisteten zu meiner Verwunderung mit Leichtigkeit das, was zu unsrer Zeit 5 Männer kaum geschafft haben.

Unsre Zeit war nun begrenzt, denn wir mussten zu einem bestimmten Termin in Venedig aufs Schiff gehen. Der nächste Besuch galt unsrer neuen Freundin Helga S., die Krankenschwester im Flensburger Diakonissen-Krankenhaus war und auch dort wohnte. Als wir gegen 16 Uhr an der Auskunft nach Schwester Helga fragten, meinte die Dame, sie sei nicht im Hause. Da sie zu einer Israel-Veranstaltung unterwegs sei, wisse man nicht, wann sie zurückkehren würde. Wir sagten, wir seien aus Israel und würden auf dem Parkplatz 2 Stunden warten, denn wir wollten an diesem Tag noch möglichst bis Hamburg kommen. Um 19.30 Uhr gaben wir mit traurigem Herzen die Hoffnung auf. Als ich langsam aus der Parklücke herausfuhr, entdeckte Helga uns und kam freudig zu uns. Wir freuten uns so sehr, dass wir doch in einem Zimmer des Schwesternwohnheims übernachteten. So genossen wir das Zusammensein noch einige Stunden. Frühmorgens fuhren wir zu Freunden nach Düsseldorf. Von dort flog ich allein nach Berlin, um meine Cousine Else und mein Kindermädchen Grete Pohl zu treffen. In Berlin erfuhr ich, dass Grete vor 2 Wochen gestorben war. Meine Cousine Else war ebenfalls tot und wurde gerade eingesargt. So flog ich betrübt zurück. Für den Rest dieses Tages war ich K(a) O in der Boxersprache, das ist das genaue Gegenteil von O K(ee)- okay.

Unsre Freunde Maak machten mit uns einen schönen Ausflug nach Köln und eine lange Bootstour auf dem Rhein. Eine Nachbarin von Maaks freundete sich mit Ronit an und schenkte ihr eine große Anzahl ihrer schönen Kleidungsstücke und sogar ein Fahrrad. Das Fahrrad musste natürlich auf den Gepäckträger aufs Dach zwischen andre Sachen gelegt werden. Bevor wir weiterfuhren, brauchte ich lange Zeit, um alles im Auto zu verstauen. Trotz mancher Probleme mit dem überladenen Auto kamen wir nach weiteren Übernachtungen rechtzeitig in Venedig zum Schiff.

Als wir im Hafen neben dem Schiff vom Zoll und Sicherheitsbeamten kontrolliert werden sollten, verursachte mir das schreckliche Kopf- und Bauchschmerzen. Ich sah, wie ganz vorn in der Reihe immer 2 Beamte, ein italienischer und ein israelischer, die israelischen Autos untersuchten, indem sie alle Koffer aus den Autos nahmen und den Inhalt kontrollierten. Das würde bei uns mindestens 2 Stunden dauern und in Italien und auch in Israel Zoll kosten! Je näher wir der Kontrolle kamen, desto bänger war mir zumute. Zu meinem Erstaunen sagte der Israeli: "Dich kenne ich doch! Du bist doch der Klarinettist im Polizeiorchester. Ich bin Schüler deines Kollegen Polacek. Wir haben uns bei ihm einige Male getroffen." Mit dem Blick zum Auto sagte er nur: "Ist das alles, was ihr habt? Es ist okay! Hier ist ein Zettel, damit ihr in Haifa nicht mehr zum Zoll braucht." Wer glaubt mir nicht, dass meine Schmerzen sofort verschwunden waren?!

Wir verließen Venedig, als uns das Mittagessen serviert wurde. Nun begannen wir, uns von einer wundervollen, aber anstrengenden Reise zu erholen. Das taten wir in den nächsten Tagen in vollen Zügen! Als wir den Karmelberg von weitem sahen, freuten wir uns auf das nach Hause Kommen unwahrscheinlich, sodass wir selbst darüber verwundert waren. Nach der Ankunft im Hafen von Haifa fuhren wir froh vom Schiff in unserm treuen VW. Jenni hatte den Zettel vom israelischen Sicherheitsbeamten aus Venedig in der Hand, der uns nach einem kurzen Kontrollblick alle Schlagbäume öffnete. Und schon waren wir auf dem Weg nach Jerusalem. Hallelujah!

Der stark strudelnde Strom der Vollbeschäftigung zwang mich sofort wieder in eine feste Zeiteinteilung von einer Arbeit zur andern. Doch alles kann man schaffen, wenn man es gern tut.

Epilog

Leider hatte sich in Israel die Sicherheitslage schon lange wieder verschlechtert. Die kurze ruhige Zeit hatte Jassir Arafat genutzt, um in Lagern besonders junge Männer zu Terroristen ausbilden zu lassen. Sie wurden einer Art Gehirnwäsche unterzogen und mit Hass und Lügen gegen Juden und Israel vollgefüllt. Am 5.7.1975 war Jenni im Zentrum Jerusalems nahe dem Zionsplatz unterwegs, wo neben einem Eisenwarengeschäft unbemerkt ein Kühlschrank abgestellt wurde und kurz darauf explodierte. Jenni befand sich 100 m entfernt auf der andren Straßenseite. Sie kam mit dem Schrecken davon, aber 13 Menschen kostete es das Leben und 60 wurden schwer verletzt ins Schare Zedek-Krankenhaus eingeliefert, wo Maren als Krankenschwester arbeitete. Weniger als ein halbes Jahr später explodierte im November 1975 wieder am Zionsplatz eine Bombe in einem Abfalleimer, die 13 Menschen das Leben nahm und 46 andere verletzte. Unter ihnen war auch die 12jährige Enkelin einer Nachbarin, die dort ihre Schulbücher für das neue Schuljahr kaufen wollte. Dieses Mädchen war viele Monate im Krankenhaus und ist für den Rest ihres Lebens Invalide. Es verging kein einziger Tag ohne Mord durch unsre arabischen Nachbarn an Personen, deren einziger Fehler es war, als Juden geboren zu sein. Die Erziehung zum Hass beginnt in den islamischen Ländern schon im Kindergarten. Gleich nach dem Sechstage-Krieg 1967 hatte Israel die in den arabischen Schulen gefundenen Schulbücher der UNO präsentiert, um ein weiteres Drucken solcher Lügenpropaganda zu verhindern. Doch die UNO und auch die EU bezahlen bis heute solche Lehrbücher voller Hassinhalte. Aber nicht nur das: Am 10.11.1975 erklärte die UNO die zionistische Einstellung des Staates Israel als rassistisch!!!

Natürlich erlebten wir im täglichen Leben auch positive Dinge. Eines Tages erzählte mir Jochanan Böhm von einer Einladung des Jerusalemer Jugendorchesters durch eine Musikschule in Braunschweig,

Deutschland. Ich riet ihm, die Einladung anzunehmen und die Tournee auf Dänemark und Schweden auszudehnen. Er meinte, ich müsste natürlich als deutsch sprechender Lehrer und Erwachsener mitreisen. Der Gedanke an die bevorstehenden Auftritte war ein so großer Ansporn für unsre jungen Musiker, dass wir nur staunten, wie sehr sie sich in kurzer Zeit steigerten. So unternahmen wir diese Reise nach Europa mit 5 Erwachsenen und 50 Jugendlichen zwischen 12 und 17 Jahren. Neben den Konzerten lernten wir auch Naturschönheiten in Deutschland kennen und durften das VW-Werk in Wolfsburg besichtigen, was alle sehr beeindruckte. Unter anderem übernachteten und spielten wir auch in Hannover im Kirchröder Turm, einer christlichen projüdischen Organisation unter der Leitung von Egon und Fridegart Maschke. Sie sprachen nicht nur mit großer Liebe über Israel, sondern organisierten auch regelmäßig Kibbuzeinsätze und sandten Jugendliche als Volontäre nach Israel, was großen Eindruck auf uns machte. Man nannte sie ,Hagoshrim' (Brückenbauer). Natürlich musste ich ständig ins Hebräische übersetzen, obwohl der Dirigent wusste, wie schwer mir das fiel. Oft gab es Heiterkeitsausbrüche, wenn ich Fehler machte.

In Dänemark spielten wir u.a. in Billund, wo wir die Lego-Fabrik besichtigten und auch den Vergnügungspark nutzen durften. In Schweden gaben wir in der überfüllten Broby-Kirche ein Konzert. Das war für mich ein erhebendes Gefühl. Unser Auftritt wurde in allen lokalen Zeitungen gewürdigt. Die jungen Musiker waren hellauf begeistert. Und entwickelten immer mehr Selbstbewusstsein. Einmal bat mich einer, ihn in die Backe zu kneifen, damit er sicher war, nicht zu träumen. - Noch heute treffe ich viele der damaligen Teilnehmer, inzwischen Väter und Mütter erwachsener Kinder, die sich dankbar an diese Reise erinnern.

Als ich 57 Jahre alt war, fing ich an, mir über meine Zukunftsaussichten Gedanken zu machen. Die letzten 26 Jahre hatte ich im Orchester gespielt und nebenbei 17 Jahre im Jugendorchester unterrichtet. Irgendwie hatte mich meine Arbeit angestrengt. Doch um einen andern Beruf zu ergreifen, hat man so nahe der Sechziger kaum Aussicht auf Erfolg. Da brachte mich ein Verwandter von Jenni, Eigentümer eines Reisebüros, auf die Idee: "Melde dich doch im staatlichen Touristenbüro zu einem Guide-Kursus an. Du kennst durch das Orchester das ganze Land wie deine Hosentasche - und dieser Kurs hat keine Altersgrenze." Dieser Vorschlag wirkte in meinem Kopf wie ein Pflaster auf einer Wunde. So ging ich am

1. Mai 1978 nach fast 27 Jahren als Musiker im Polizeiorchester in Pension und wurde im Touristenbüro als Bewerber eines Guide-Kurses angenommen. Bereits am Nachmittag des 1. Mai begrüßte ich meine ersten Gäste in Jerusalemer Hotels. Da ich vorher vom Touristenbüro Stadtpläne und andres interessantes Material besorgt hatte, konnte ich Gästen und Reiseleitern gleich eine Freude bereiten. Ich merkte, meine Beschäftigung würde eine dankbare Aufgabe sein, besonders für Einzeltouristen, die ihre Rundgänge selbst organisieren wollten.

Eine weitere Familienangelegenheit mussten wir über uns ergehen lassen: Unsre ‚kleine' Ronit musste ihren Militärdienst absolvieren, kam in Uniform nach Hause und wurde bald zum Offizierskurs ausgewählt, wodurch sie noch ein halbes Jahr länger dienen musste.

Im Oktober 1980, als ich mir auf dem Weg zu meinen Gästen eine Zigarette ansteckte, hatte ich einen schrecklichen Geschmack im Mund. Ich fühlte, als ob mir eine Hand über die linke Brust strich. Das war so widerlich, dass ich die Zigarette sofort ausmachte und mir andre kaufte. Doch als ich eine von den neuen probierte, wiederholte sich dasselbe wie vorher, und so erging es mir an dem Tag noch mehrmals. Am Abend suchte ich Dr. Rudnitzka auf. Sie untersuchte mich sehr gründlich und meinte: "Nachdem du heute schon den ganzen Tag Auto gefahren bist, kannst du mich noch ins Hadassah-Spital bringen?" Natürlich konnte ich! Dort angekommen, bestimmte sie: "Jetzt kommst du mit!" Sie bestand darauf, dass man mir ein EKG machte und bewies den Ärzten, dass ich kurz vor einem Herzinfarkt stand. Den bekam ich am nächsten Morgen und im Laufe der folgenden 10 Tage noch 3 weitere. Nach dem zweiten hatten die Ärzte mich aufgegeben. Als ich mich doch wieder erholt hatte und nach Hause durfte, erlaubten mir die Ärzte, 4 Stunden am Tag zu arbeiten. Da ich von 4 verschiedenen Ärzten behandelt worden war, arbeitete ich für jeden von ihnen 4 Stunden und konnte so meine Arbeit schaffen. Ein Gutes hatte diese Krankheit für meinen Sohn, Schwiegersohn und für mich: Wir rührten seitdem keine Zigarette mehr an!

Im Oktober 1983 feierten wir in der Freundschaftsliga Israel-Dänemark das 40jährige Rettungsjubiläum ganz groß mit vielen Gästen aus Dänemark. Einer der Rettungsfischer übergab ein zur Rettung benutztes Ruderboot an das Holocaustmuseum. Einige der Retter berichteten der historischen Abteilung des Museums über ihre Aktionen im Jahr 1943.

Bald nach diesem Fest fühlte Jenni sich schlecht. Jeden Nachmittag erhöhte sich ihre Temperatur. Sie wurde sogar ins Hadassah eingewiesen, aber die Ärzte fanden nichts und entließen sie nach 2 Monaten vergeblicher Suche. Als Jennis Zustand immer schlimmer wurde, nahm man sie wieder auf. Als man endlich die Ursache fand, war es schon zu spät. Jenni starb am 18. Oktober 1985 im Krankenhaus und wurde im Beisein ihrer großen Familie und vieler Freunde hier in Jerusalem begraben.

Plötzlich war ich allein, ein 66jähriger Witwer in einer 3 ½ Zimmerwohnung. Wohl wohnte Ronit noch zuhause, aber sie ging total auf in ihrem Studium. Rina und Noach hatten inzwischen ein eigenes Häuschen fertig gebaut und boten mir an, bei ihnen zu wohnen und zu essen. Doch ich wollte ihnen nicht zur Last fallen und lehnte dankend ab. Mit Hilfe von Freunden konnte ich mich behelfen.

1986 erhielt ich vom Berliner Bürgermeister eine Einladung für eine Woche sein Gast zu sein. Jenni und ich hatten uns darum beworben. Nun nahm ich allein die Einladung wahr und traf dort viele ehemalige Berliner Juden aus verschiedenen Ländern. Man bot uns Rundfahrten, einen Mauerübergang nach Ost-Berlin, mehrere Empfänge und interessante Vorträge. Diese Reise dehnte ich noch aus, um alte und neue Freunde, z. B. Erika-Fichtner-Rechlin, in Deutschland, Dänemark und Schweden zu besuchen.

Danach stürzte ich mich wieder in meine Arbeit. Da sie immer umfangreicher wurde, übergab ich einen Teil einem neuen Freund.

1987 einigten Maren und ich uns auf ein gemeinsames Leben. Wir heirateten in Dänemark und feierten im Kreis ihrer Familie ein kleines Hochzeitsfest.

Mein Leben und meine Geschichte wird bald zuende sein - aber leider nicht die Geschichte, in der wir Juden weiterhin verfolgt werden, bis sich die Menschheit mit Hilfe aller Historiker der Welt und besonders der Bibel daran erinnern und schämen wird, was sie den Juden angetan hat, insbesondere in den Jahren 97 und 135 unsrer Zeitrechnung, sowie überhaupt in den letzten 2000 Jahren.

Man nennt Israel heute die Besatzer, doch will man nicht sehen oder anerkennen, dass wir von u n s e r e m Land der Juden im Jahr 1967 n u r den vierten Teil b e f r e i t haben!!! Und das Bisschen will man jetzt noch teilen mit einem arabischen Volk, den Palästinensern, die ganz offen erklären und täglich unter Beweis stellen, dass sie uns bis zum letzten Mann ausrotten wollen.

W e r oder W a s sitzt da eigentlich in den United Nations?